Tajines & couscous

hachette
PRATIQUE

Sommaire

■ Entrées   4

■ Tajines aux légumes   44

■ Tajines à la viande   62

■ Méchouis   108

■ Tajines aux poisson   114

■ Couscous   142

■ Desserts   168

POUR 6 PERSONNES
PRÉPARATION ET
CUISSON : 50 MIN
DIFFICULTÉ : TRÈS FACILE
COÛT : BON MARCHÉ

Artichauts farcis

- 12 fonds d'artichauts surgelés
- 2 citrons
- 2 oignons
- 3 gousses d'ail
- 200 g d'amandes
- 3 œufs
- 1 jaune d'œuf
- 3 branches de persil
- 1/4 de baguette de pain
- 1 cuil. à café de curcuma
- 4 cuil. à soupe d'huile d'olive
- Maïzena (facultatif)
- Sel, poivre du moulin

■ Faites tremper le pain dans un bol d'eau. Pelez les oignons et coupez-les en morceaux. Pelez l'ail et coupez-le en rondelles.

■ Portez à ébullition une grande casserole d'eau additionnée du jus de 1 citron. Plongez-y les fonds d'artichauts et faites-les cuire 25 min. Égouttez. Par ailleurs, faites durcir les œufs pendant 10 min à l'eau bouillante salée. Rafraîchissez-les et écalez-les.

■ Dans le bol d'un mixeur, broyez ensemble les amandes, les œufs durs, les oignons, le pain trempé et pressé ainsi que le persil. Salez et poivrez. Garnissez les fonds d'artichauts avec cette farce.

■ Dans une marmite, faites chauffer l'huile d'olive et 40 cl d'eau. Jetez-y l'ail, le curcuma, le jus du dernier citron et du sel. À ébullition, posez délicatement les fonds d'artichauts, et laissez réduire 5 min à feu vif.

■ Disposez les artichauts farcis dans un grand plat. Dans le jus de cuisson, délayez le jaune d'œuf. Si la sauce n'est pas assez épaisse, ajoutez un peu de Maïzena. Nappez-en les artichauts avant de servir.

POUR 10 PERSONNES
PRÉPARATION : 10 MIN
CUISSON : 20 MIN
DIFFICULTÉ : TRÈS FACILE
COÛT : BON MARCHÉ

Caviar d'aubergines

- *10 belles aubergines*
- *1 ou 2 citrons*
- *4 gousses d'ail*
- *1 cuil. à café de niora*
- *1 cuil. à café de cumin*
- *4 cuil. à soupe d'huile d'olive*
- *Sel*

▨ Lavez les aubergines et faites-les griller entières sur la plaque de votre four ou sur un gril de contact posé sur le feu. Elles sont prêtes lorsque la peau se détache de la chair. Épluchez l'ail et broyez toutes les gousses au presse-ail.

▨ Lorsque les aubergines sont cuites et refroidies, coupez-les en deux pour en extraire la chair avec une cuillère. Versez-la au fur et à mesure dans une passoire.

▨ Laissez bien égoutter la chair dans la passoire, puis écrasez-la à la fourchette et assaisonnez-la avec le niora, l'ail, le cumin, le jus de citron et l'huile d'olive.

▨ Mélangez bien le tout et rectifiez l'assaisonnement en rajoutant du citron, du sel ou du cumin selon votre goût.

CONSEIL

Ayez toujours la main légère avec le cumin ; utilisé en grande quantité, il donne un goût amer aux aliments.

POUR 6 PERSONNES
PRÉPARATION ET
CUISSON : 30 MIN
DIFFICULTÉ : TRÈS FACILE
COÛT : BON MARCHÉ

Carottes au cumin

- *800 g de carottes*
- *1 poivron rouge*
- *2 citrons*
- *1 petit bouquet de coriandre*
- *6 gousses d'ail*
- *1 cuil. à café de cumin*
- *Harissa (facultatif)*
- *Huile d'olive*
- *Sel*

■ Épluchez les carottes. Lavez le poivron et épépinez-le. Lavez les gousses d'ail sans les éplucher.

■ Remplissez une casserole d'eau froide. Salez, mettez-y les carottes, le poivron et l'ail et portez à ébullition. Laissez cuire environ 20 min. Les carottes cuites doivent rester fermes. Testez régulièrement la cuisson avec la pointe d'un couteau.

■ Égouttez tous les légumes et coupez les carottes en rondelles de 1 cm d'épaisseur. Gardez-les au frais.

■ Pelez les gousses d'ail et le poivron. Dans un plat, écrasez-les ensemble à l'aide d'une fourchette, puis salez. À cette purée, ajoutez le jus des citrons, les feuilles de coriandre, le cumin, de la harissa si vous le souhaitez, et de l'huile. Mélangez bien, salez à nouveau si nécessaire. Ajoutez les carottes à ce mélange et remuez délicatement. Servez frais.

CONSEIL

Vous pouvez préparer cette recette la veille, ainsi les carottes auront bien mariné.

POUR 10 PERSONNES
PRÉPARATION : 15 MIN
MACÉRATION : 6 H
DIFFICULTÉ : TRÈS FACILE
COÛT : BON MARCHÉ

Taboulé

- *500 g de couscous fin*
- *1 beau poivron vert*
- *1 kg de tomates*
- *1 concombre*
- *2 petits oignons frais*
- *3 citrons*
- *2 gousses d'ail*
- *1 bouquet de persil*
- *10 feuilles de menthe*
- *8 cuil. à soupe d'huile d'olive*
- *Sel, poivre*

■ Mettez le couscous dans un saladier. Ajoutez 10 cl d'eau froide, le jus des citrons, du sel, du poivre et l'huile d'olive. Mélangez bien et laissez reposer pendant 3 h.

■ Lavez et épluchez le poivron, les tomates et le concombre. Coupez-les en tout petits dés. Gardez bien le jus et la pulpe des tomates.

■ Épluchez les oignons et coupez-les en dés. Épluchez l'ail et hachez-le finement.

■ Lavez bien le persil et les feuilles de menthe. Broyez finement le persil avec 5 feuilles de menthe, au hachoir à herbes.

■ Ajoutez tous les légumes et les herbes aromatiques au couscous. Mélangez soigneusement. Laissez reposer le tout au réfrigérateur pendant 3 h minimum.

■ Goûtez le taboulé et ajoutez du jus de citron s'il est trop sec. Décorez le saladier avec les 5 feuilles de menthe restantes avant de servir.

POUR 10 PERSONNES
PRÉPARATION : 15 MIN
CUISSON : 30 MIN
DIFFICULTÉ : FACILE
COÛT : BON MARCHÉ

Salade méchouia

- *2 kg de poivrons verts*
- *1 kg de tomates*
- *4 oignons*
- *4 gousses d'ail*
- *1 cuil. à café de harissa*
- *20 cl d'huile d'olive*
- *Sel*

▧ Faites griller les poivrons au four ou sur un gril de contact posé sur feu vif. Ils sont prêts lorsque la peau noircit et se détache de la chair.

▧ Lorsque les poivrons tiédissent, enlevez délicatement la peau, épépinez-les et coupez-les en morceaux.

▧ Lavez les tomates, pelez-les, puis coupez-les en deux. Pressez-les dans la main pour enlever les pépins et le plus d'eau possible.

▧ Épluchez les oignons et l'ail et coupez-les en lamelles.

▧ Dans la poêle, versez l'huile et faites revenir les oignons ; ajoutez ensuite les tomates, l'ail, puis les poivrons et la harissa. Salez, puis laissez mijoter 20 min à feu doux. Servez frais.

POUR 10 PERSONNES
PRÉPARATION : 20 MIN
MACÉRATION : 15 À 20 MIN
DIFFICULTÉ : TRÈS FACILE
COÛT : BON MARCHÉ

Salade de persil

– 4 cuil. à soupe de couscous
fin
– 2 bottes de persil frisé
– 1 tomate
– 1 citron
– 3 cuil. à soupe d'huile
d'olive
– Sel

■ Dans un saladier, faites gonfler le couscous avec le jus du citron préalablement pressé et 10 cl d'eau. Salez.

■ Pendant ce temps, lavez soigneusement le persil, égouttez-le bien et ciselez-le. Lavez la tomate, pelez-la et coupez-la en tout petits dés, en gardant le jus.

■ Lorsque le couscous a augmenté de volume, aérez-le à l'aide d'une fourchette et goûtez-le pour vérifier que les grains sont bien tendres. Si besoin est, rajoutez du jus de citron et laissez macérer de 15 à 30 min supplémentaires.

■ Versez alors le couscous dans le plat de service, ajoutez le persil et la tomate. Salez si nécessaire et arrosez avec l'huile. Servez frais.

CONSEIL

Le couscous doit être très tendre pour se fondre dans le persil. Éventuellement, mettez la tomate au début de la préparation de la semoule.

POUR 10 PERSONNES
PRÉPARATION : 15 MIN
CUISSON : 20 MIN
DIFFICULTÉ : TRÈS FACILE
COÛT : RAISONNABLE

Salade d'artichauts et d'oranges

– *10 beaux fonds d'artichauts*
– *3 oranges non traitées*
– *2 citrons non traités*
– *4 gousses d'ail*
– *1 cuil. à café de curcuma*
– *4 cuil. à soupe d'huile d'olive*
– *Sel*

▓ Lavez bien soigneusement les oranges ainsi que les citrons. Si vous n'avez pas trouvé de citrons et d'oranges non traités, pelez-les en laissant la peau blanche du tour. Pelez les gousses d'ail.

▓ Coupez les fonds d'artichauts en quatre, les oranges et les citrons en rondelles, l'ail en lamelles.

▓ Dans une marmite, versez l'huile. Disposez au fond les oranges et les citrons, posez les artichauts par-dessus. Saupoudrez avec le curcuma. Salez et ajoutez 15 cl d'eau et l'ail.

▓ Laissez mijoter environ 20 min à feu doux. Surveillez l'eau en cours de cuisson et ajoutez-en si besoin est. Servez cette entrée chaude ou froide.

CONSEIL

Vous pouvez utiliser des fonds d'artichauts surgelés. Dans ce cas, faites-les cuire quelques minutes dans de l'eau bouillante vinaigrée ou citronnée et laissez-les tiédir, puis suivez normalement la recette.

POUR 10 PERSONNES
PRÉPARATION : 10 MIN
CUISSON : 10 MIN
MACÉRATION : 2 H
DIFFICULTÉ : TRÈS FACILE
COÛT : BON MARCHÉ

Salade de courgettes

- 1 kg de courgettes fines
- 2 gousses d'ail
- 1 cuil. à soupe de niora
- 1/2 cuil. à café de paprika fort
- 1/2 cuil. à café de cumin
- 1 citron
- 1 bouquet de persil plat
- 4 cuil. à soupe d'huile d'olive
- Sel

▧ Lavez bien les courgettes. Faites-les cuire entières pendant 10 min avec les gousses d'ail dans de l'eau bouillante salée.

▧ Pendant ce temps, dans un saladier, mélangez ensemble l'huile d'olive, le jus du citron, le niora, le paprika, le cumin et le persil ciselé.

▧ Lorsque les courgettes sont cuites, égouttez-les bien et récupérez les gousses d'ail auxquelles vous enlèverez la peau avant de les écraser et de les mélanger à la sauce.

▧ Lorsque les courgettes sont bien égouttées, coupez-les en rondelles de 2 cm d'épaisseur et versez la sauce dessus. Laissez-les macérer 2 h avant de servir frais.

CONSEIL

N'enlevez pas les extrémités des courgettes avant de les faire cuire ; elles absorberont moins d'eau.

POUR 10 PERSONNES
PRÉPARATION : 15 MIN
REPOS : 2 JOURS
DIFFICULTÉ : TRÈS FACILE
COÛT : BON MARCHÉ

Salade de tomates et de poivrons au sel

- *3 poivrons verts*
- *10 tomates*
- *3 gousses d'ail*
- *1 cuil. à soupe de marjolaine ou d'origan*
- *3 cuil. à soupe d'huile d'olive*
- *20 cl de vinaigre de vin*
- *2 cuil. à soupe de gros sel*
- *Sel*
- *1 bocal de 1,5 l*

▨ Préparez les poivrons au sel 2 ou 3 jours avant de préparer votre salade. Utilisez un bocal de 1 litre et demi que vous remplirez de poivrons verts lavés, épépinés et coupés en quatre ou en six selon leur grosseur.

▨ Dans une casserole, faites bouillir 50 cl d'eau additionnée du vinaigre et du gros sel. Lorsque le mélange bout, versez le tout sur les poivrons et fermez le bocal immédiatement. Retournez-le de temps en temps au cours des 2 jours de repos.

▨ Deux jours plus tard, lavez, épluchez et épépinez les tomates. Goûtez les poivrons et rincez-les si vous les trouvez un peu trop salés. Épluchez l'ail et coupez-le en tout petits morceaux.

▨ Dans un saladier, coupez les tomates en morceaux ainsi que les poivrons. Ajoutez l'ail, l'huile et la marjolaine (ou l'origan). Mélangez bien et salez si nécessaire.

CONSEIL

Il faut vérifier l'assaisonnement car les tomates ont besoin de sel, même si les poivrons sont déjà salés.

POUR 10 PERSONNES
PRÉPARATION : 30 MIN
DIFFICULTÉ : FACILE
COÛT : BON MARCHÉ

Salade
« Papy Jacques »

- 8 tomates moyennes
- 1 concombre fin
- 2 poivrons verts fins
  « cornes de bœuf »
- 1 cœur de céleri
- 3 oignons blancs
- 1 citron
- 3 cuil. à soupe d'huile
  d'olive
- Sel, poivre

■ Lavez les tomates, le concombre, les poivrons et le céleri sous un filet d'eau courante. Pelez les tomates et le concombre.

■ Épépinez les tomates et coupez-les en tout petits morceaux ; faites de même avec les poivrons et le concombre. S'il a trop de pépins, enlevez-les et ne gardez que la chair. Coupez également le céleri en petits morceaux.

■ Épluchez les oignons et le citron. Lavez bien les oignons et coupez-les en dés les plus petits possible. Enlevez la membrane des quartiers de citron et gardez la chair que vous casserez en petits morceaux avec les doigts.

■ Mélangez le tout dans un saladier. Salez, poivrez et ajoutez l'huile avant de servir.

CONSEILS

Vous pouvez préparer cette salade à l'avance, mais dans ce cas, assaisonnez-la au moment de servir pour que les légumes gardent tout leur jus. Ayez la patience d'un « papy » pour couper les légumes en tout petits dés : cela exaltera le goût de chacun d'eux.

POUR 10 PERSONNES
PRÉPARATION : 15 MIN
DIFFICULTÉ : TRÈS FACILE
COÛT : BON MARCHÉ

Salade de pamplemousses roses

- 5 beaux pamplemousses
* roses*
- 4 petits oignons frais
- Quelques olives noires
* grecques*
- 1 cuil. à café de niora
- 2 cuil. à soupe d'huile
* d'olive*
- Sel

▰ Pelez les pamplemousses à vif avec un couteau finement dentelé : enlevez la peau et la membrane blanche du tour des quartiers pour ne garder que la chair.

▰ Coupez chaque quartier en trois ou quatre selon leur grosseur. Disposez-les dans le plat de service.

▰ Épluchez les oignons, lavez-les et coupez-les en lamelles sur les pamplemousses.

▰ Ajoutez du sel, le niora et l'huile et mélangez délicatement afin que les morceaux de pamplemousse restent entiers.

▰ Servez dans un joli plat de service après avoir décoré la salade avec les olives noires.

VARIANTE

Si vous n'aimez pas les pamplemousses, cette salade peut aussi se faire avec des oranges.

POUR 8 PERSONNES
PRÉPARATION : 15 MIN
CUISSON : 30 À 35 MIN
DIFFICULTÉ : FACILE
COÛT : RAISONNABLE

Soupe de légumes

- *100 g de viande au choix*
- *2 tomates*
- *4 pommes de terre*
- *4 poireaux*
- *4 carottes*
- *4 navets*
- *4 bulbes de fenouil*
- *2 oignons*
- *3 branches de céleri*
- *30 g de beurre*
- *1 jaune d'œuf*
- *1/2 cuil. à café de sel*
- *1 cuil. à café de poivre*

▨ Taillez la viande en tout petits dés. Pelez, lavez et coupez en petits dés tous les légumes. Hachez le céleri et émincez les oignons.

▨ Dans un faitout, portez à ébullition 2 litres d'eau avec la viande, le beurre, le poivre et le sel, pendant 10 min ; puis ajoutez les légumes et laissez cuire à couvert, à feu moyen, de 20 à 25 min. Passez la soupe au moulin à légumes.

▨ Mettez le jaune d'œuf battu au fond d'une soupière, versez-y la soupe, remuez et servez aussitôt.

CONSEIL

Cette soupe sera plus savoureuse si vous ne passez pas les légumes. Dans ce cas, supprimez l'œuf et laissez un peu plus de bouillon.

POUR 8 PERSONNES
TREMPAGE : 12 H
PRÉPARATION : 10 MIN
CUISSON : 35 À 40 MIN
DIFFICULTÉ : FACILE
COÛT : BON MARCHÉ

Soupe du Ramadan

- *250 g de viande (veau ou mouton)*
- *2 oignons*
- *10 petits oignons blancs*
- *200 g de pois chiches*
- *4 tomates*
- *4 branches de céleri*
- *1 bouquet de persil*
- *1 bouquet de coriandre*
- *2 doses de safran*
- *1/2 verre à moutarde de riz*
- *1 cuil. à soupe de concentré de tomate*
- *50 g de farine*
- *1 cuil. à café de sel*
- *1 cuil. à café de poivre*

▧ Laissez tremper les pois chiches dans de l'eau froide pendant au moins 12 h.

▧ Taillez la viande en tout petits dés. Pelez et émincez les oignons. Pelez les tomates, laissez-les entières. Mettez le tout dans un grand faitout avec les pois chiches égouttés, le safran, le poivre, le sel et 2,5 litres d'eau. Faites cuire le mélange 20 min à mi-couvert et à feu moyen.

▧ Lavez et hachez la coriandre et le persil en ôtant les grosses tiges. Coupez le céleri en tout petits dés.

▧ Incorporez le riz, le concentré de tomate, la coriandre, le persil, le céleri et les petits oignons entiers pelés. Laissez cuire encore 10 ou 15 min, puis liez la soupe avec la farine délayée dans un verre d'eau froide, en remuant constamment avec une spatule pour empêcher la formation de grumeaux.

▧ Laissez mijoter le tout à découvert encore 5 min en remuant de temps à autre. Servez bien chaud. Présentez à part des gâteaux au miel, des dattes et du jus de citron où chacun puisera selon son goût.

POUR 8 PERSONNES
PRÉPARATION : 40 MIN
CUISSON : 15 MIN
DIFFICULTÉ : FACILE
COÛT : RAISONNABLE

Préparation
de la pastilla

- *15 feuilles de pastilla*
- *2 œufs battus*
- *1 verre à moutarde*
  d'huile

▧ Huilez soigneusement un moule d'environ 40 cm de diamètre et 10 cm de haut, à bord lisse. Rangez une première couche de feuilles qui déborderont largement, en les faisant se chevaucher. Empilez ensuite 2 ou 3 feuilles au centre pour consolider la base de votre pastilla. Étalez la farce choisie bien régulièrement sur toute la surface. Rabattez dessus les parties qui dépassent. Badigeonnez la surface de la pastilla avec un pinceau trempé dans l'œuf battu. Préchauffez le four à 200 °C (th. 6-7).

▧ Répétez l'opération. Disposez une seconde couche de feuilles, mais cette fois rentrez délicatement sous la pastilla les parties qui dépassent, après les avoir badigeonnées à l'œuf, de façon à obtenir un bord net et bien arrondi. Toujours avec l'œuf, collez au centre 2 feuilles, qui permettront de rendre le dessus bien lisse.

▧ Enfournez à mi-hauteur et faites cuire pendant 15 min, en arrosant souvent de beurre fondu, dessus et dessous. Pour démouler, posez sur le moule un plat de service rond et retournez l'ensemble. Saupoudrez de sucre glace et de cannelle. Découpez et servez sans attendre.

POUR 8 PERSONNES
PRÉPARATION : 40 MIN
CUISSON : 15 MIN
DIFFICULTÉ : FACILE
COÛT : RAISONNABLE

Pastilla aux crevettes

- *20 feuilles de pastilla*
- *2 œufs battus*

Pour la farce
- *2 kg de crevettes cuites (bouquet)*
- *1 kg de calmars*
- *200 g de vermicelles de riz*
- *1 bouquet de coriandre*
- *1 bouquet de persil*
- *3 cuil. à soupe d'huile*
- *1 cuil. à café de sel*
- *1 cuil. à soupe de poivre*

▓ Réservez d'abord 4 ou 5 crevettes pour la décoration. Décortiquez ensuite toutes les autres. Lavez les calmars, taillez-les en petits morceaux et faites-les cuire 10 min, à feu moyen.

▓ Plongez les vermicelles dans de l'eau bouillante pendant 5 min. Égouttez-les et hachez-les grossièrement. Lavez et hachez la coriandre et le persil.

▓ Mélangez bien soigneusement les poissons avec les vermicelles, les fines herbes, l'huile, le poivre et le sel.

▓ Huilez le moule et tapissez-le avec les premières feuilles, étalez la farce régulièrement. Achevez de plier et faites cuire selon la recette p. 30. Décorez la pastilla avec les crevettes réservées en les disposant par exemple en forme de fleur.

VARIANTE

Vous pouvez enrichir votre farce avec des moules, des écrevisses ou des palourdes.

POUR 8 PERSONNES
PRÉPARATION : 1 H
CUISSON : 30 MIN
DIFFICULTÉ : FACILE
COÛT : RAISONNABLE

Feuilletés
à la viande hachée

– 50 feuilles de briouat
(en épicerie orientale)
– 2 œufs battus

Pour la farce
– 1 kg de viande de bœuf
– 12 œufs
– 2 oignons
– 1 bouquet de persil
– 1 bouquet de coriandre
– 1 cuil. à café de cannelle
en poudre
– 4 cuil. à soupe d'huile
– 150 g de sucre en poudre
– 1/2 cuil. à café de sel
– 1 cuil. à café de poivre
– Huile pour friture

▨ Hachez deux fois la viande avec les oignons, la coriandre et le persil. Mélangez-les soigneusement avec le poivre, le sel et l'huile. Faites cuire 10 min à feu moyen, jusqu'à absorption complète du jus.

▨ Incorporez le sucre et les œufs battus en remuant constamment afin de détacher la viande. Ajoutez la cannelle et poursuivez la cuisson 5 min en remuant. Retirez du feu.

▨ Déposez un peu de farce (de la valeur d'un œuf) sur le bord d'une feuille de briouat. Rabattez les deux côtés de la feuille et roulez celle-ci jusqu'au bout en serrant bien. Collez à l'aide d'un pinceau trempé dans l'œuf battu. Répétez l'opération jusqu'à épuisement des ingrédients.

▨ Faites frire les feuilletés dans l'huile chaude, à feu moyen, 2 min de chaque côté. Servez-les bien dorés, saupoudrés de sucre en poudre et de cannelle.

POUR 4 PERSONNES
PRÉPARATION : 15 MIN
DIFFICULTÉ : TRÈS FACILE
COÛT : BON MARCHÉ

Salade de graines de couscous

- *200 g de graines de couscous précuites*
- *3 tomates*
- *1 oignon*
- *1 gros bouquet de persil*
- *3 feuilles de menthe*
- *Quelques olives vertes et noires*
- *1/2 verre à moutarde de jus de citron*
- *1/2 verre à moutarde d'huile*
- *1/2 cuil. à café de sel*
- *1 cuil. à café de poivre*

■ Ébouillantez les tomates, pelez-les, épépinez-les et coupez-les en dés. Pelez l'oignon et hachez-le finement. Hachez le persil et la menthe.

■ Dans un saladier, mélangez soigneusement les graines de couscous avec la tomate, l'oignon, les herbes, le jus de citron, l'huile, le poivre et le sel.

■ Laissez gonfler au frais. Au moment de servir, décorez la salade avec des olives vertes et noires.

CONSEIL

Riche en calories, agréable à l'œil par la nuance de couleurs, subtile par le mélange des saveurs, cette salade constitue une entrée très appréciée. Elle accompagne également délicieusement les brochettes ou les viandes cuites à la vapeur ou au four. À défaut de graines de couscous, vous pouvez réaliser cette recette avec des graines de bulgur ou même du riz cuit.

POUR 4 PERSONNES
PRÉPARATION ET
CUISSON : 30 MIN
DIFFICULTÉ : TRÈS FACILE
COÛT : RAISONNABLE

Salade de fèves fraîches

- *2 kg de fèves fraîches*
- *3 gousses d'ail*
- *1/2 bouquet de persil*
- *1 cuil. à café de gingembre en poudre*
- *1/2 cuil. à café de piment doux*
- *2 doses de safran*
- *1 cuil. à café de farine*
- *1/2 verre à moutarde d'huile*
- *1/2 cuil. à café de sel*
- *Citron confit, olives rouges pour la décoration*

▨ Écossez les fèves. Éventuellement éliminez la peau qui les recouvre. Pelez et hachez l'ail.

▨ Dans une casserole, portez à ébullition l'huile, 2 verres à moutarde d'eau, le gingembre, l'ail et le sel. Ajoutez les fèves et faites cuire le tout pendant 10 à 15 min.

▨ Incorporez la farine délayée dans un peu d'eau, le piment, le safran et le persil haché 5 min avant la fin de la cuisson.

▨ Faites réduire la sauce et servez la salade chaude ou froide, selon votre goût. Agrémentez la présentation avec quelques lamelles de citron confit et des olives rouges.

CONSEIL

Cette salade sera plus savoureuse si vous la faites en début de saison avec les premières fèves. Vous pourrez la servir en accompagnement de brochettes ou de viande rôtie.

POUR 4 PERSONNES
PRÉPARATION : 15 MIN
DIFFICULTÉ : TRÈS FACILE
COÛT : BON MARCHÉ

Salade de légumes

- *6 tomates*
- *3 concombres*
- *6 poivrons (3 verts, 3 rouges)*
- *1 botte de petits radis*
- *150 g d'olives vertes ou noires*
- *2 oignons*
- *100 g de maïs en boîte*
- *50 g d'amandes pelées*
- *1/2 verre de jus de citron*
- *1/2 verre d'huile*
- *1/2 cuil. à café de sel et de poivre*

■ Pelez les tomates, épépinez-les, coupez-les en dés. Coupez les poivrons en fines lanières. Pelez les concombres et débitez-les en rondelles fines. Nettoyez les radis, coupez-les en deux. Pelez et hachez les oignons.

■ Mettez le tout dans un saladier avec le maïs, les olives dénoyautées et les amandes préalablement frites et hachées. Versez le jus de citron et l'huile. Salez, poivrez. Mélangez bien et mettez au frais pendant 1 h, avant de servir.

POUR 4 PERSONNES
PRÉPARATION : 30 MIN
CUISSON : 10 À 15 MIN
DIFFICULTÉ : FACILE
COÛT : BON MARCHÉ

Zarlouk
de poivrons rouges

– 4 beaux poivrons rouges
– 3 ou 4 gousses d'ail
– 3 cuil. à soupe d'huile
  d'olive
– Sel

▨ Faites griller les poivrons au four ou à feu vif, sur un gril de contact.

▨ Enlevez soigneusement la peau qui doit se détacher facilement sous la lame du couteau. Épépinez les poivrons, puis coupez-les en lamelles pas trop épaisses. Épluchez les gousses d'ail et écrasez-les au presse-ail.

▨ Dans une poêle, faites chauffer légèrement l'huile d'olive. Jetez-y les poivrons ainsi que l'ail et faites-les revenir quelques minutes en mélangeant sans arrêt pour éviter que cela n'attache.

▨ Salez à votre goût. Laissez cuire encore 10 min environ à feu moyen. Servez dans un petit saladier ou un plat à tajine.

CONSEIL

Lorsque les poivrons sont grillés, mettez-les dans un sac plastique que vous fermerez, et laissez-les refroidir. Vous pourrez ensuite enlever la peau sans difficulté.

POUR 6 PERSONNES
PRÉPARATION : 30 MIN
CUISSON : 1 H
DIFFICULTÉ : TRÈS FACILE
COÛT : BON MARCHÉ

Artichauts
aux petits pois

- *2 kg d'artichauts frais*
- *500 g de petits pois extra-fins frais*
- *2 citrons*
- *6 brins de coriandre*
- *1 feuille de laurier*
- *1 cuil. à café de curcuma*
- *1/2 cuil. à café de gingembre*
- *20 cl d'huile d'olive*
- *Sel, poivre du moulin*

▨ Écossez les petits pois et lavez-les. Épluchez les artichauts pour ne garder que les fonds et mettez-les au fur et à mesure dans un saladier rempli d'eau additionnée du jus de 1 citron.

▨ Dans une marmite, versez l'huile d'olive, les petits pois, le curcuma et le gingembre. Salez, poivrez et ajoutez 30 cl d'eau. Couvrez et laissez mijoter pendant 30 min à feu moyen.

▨ Ajoutez les fonds d'artichauts, le laurier, le jus du citron restant, la coriandre ciselée et un peu d'eau si nécessaire. Laissez cuire encore 30 min en vérifiant l'eau de cuisson. Faites réduire la sauce.

CONSEILS

Ce plat accompagne délicieusement l'épaule d'agneau confite (p. 74). Pour gagner du temps, vous pouvez utiliser des petits pois en boîte et des fonds d'artichauts surgelés.

POUR 6 PERSONNES
PRÉPARATION : 10 MIN
CUISSON : 30 MIN
DIFFICULTÉ : TRÈS FACILE
COÛT : BON MARCHÉ

Fassoulia

- *1 kg de haricots verts extra-fins frais ou surgelés*
- *2 oignons*
- *2 tomates*
- *1 feuille de laurier*
- *4 cuil. à soupe d'huile d'olive*
- *Sel, poivre du moulin*

■ Pelez les oignons, coupez-les en lamelles. Ébouillantez les tomates, pelez-les et coupez-les morceaux. Effilez et rincez les haricots verts.

■ Dans une marmite, faites revenir les oignons dans l'huile. Lorsqu'ils ont bien doré, ajoutez les tomates et le laurier, puis mélangez bien. Faites cuire environ 10 min à feu moyen.

■ Ajoutez les haricots verts, du sel, du poivre, et mouillez avec 20 cl d'eau. Lorsque l'eau bout, réduisez le feu et poursuivez la cuisson 20 min à feu doux et à demi-couvert. Les haricots sont cuits lorsqu'ils sont tendres et encore bien verts.

POUR 6 PERSONNES
TREMPAGE : 12 H
PRÉPARATION : 5 MIN
CUISSON : 45 MIN
DIFFICULTÉ : TRÈS FACILE
COÛT : BON MARCHÉ

Tajine de pois chiches et courgettes

- *500 g de pois chiches secs*
- *700 g de courgettes*
- *6 gousses d'ail*
- *1 poivron rouge*
- *1 bouquet de coriandre*
- *1/2 cuil. à café de harissa*
- *1 cuil. à café de niora concassé*
- *30 cl d'huile d'olive*
- *1 cuil. à soupe de bicarbonate de soude*
- *Sel*

▦ La veille, versez les pois chiches dans un grand saladier, ajoutez le bicarbonate de soude et recouvrez-les d'eau. Laissez-les tremper toute la nuit.

▦ Le lendemain, rincez soigneusement les pois chiches sous l'eau froide courante.

▦ Épluchez l'ail en laissant les gousses entières. Équeutez et épépinez le poivron, puis coupez-le en quatre dans le sens de la longueur. Lavez les courgettes et ôtez-en les extrémités, puis coupez-les en rondelles d'environ 3 cm d'épaisseur. Rincez la coriandre.

▦ Tapissez le fond d'un autocuiseur avec les pois chiches. Versez l'huile d'olive, ajoutez le poivron, l'ail, la harissa, le niora ainsi que la coriandre ciselée. Salez, puis recouvrez le tout d'eau. Fermez le couvercle.

▦ Portez à ébullition et faites cuire à feu doux pendant 30 min. Découvrez et ajoutez alors les courgettes. Laissez cuire environ 15 min. Laissez évaporer s'il y a lieu. Servez bien chaud.

POUR 6 PERSONNES
PRÉPARATION : 15 MIN
CUISSON : 1 H 30
DIFFICULTÉ : FACILE
COÛT : RAISONNABLE

Tajine de navets aux patates douces

– 1 kg de navets
– 1 kg de patates douces
– 1 cuil. à café de curcuma
– 1 cuil. à café de paprika
– 25 cl d'huile d'olive
– Sel, poivre du moulin

▨ Épluchez les navets, lavez-les et coupez-les en morceaux. Épluchez les patates douces, lavez-les et coupez-les en rondelles.

▨ Dans une marmite, versez l'huile d'olive, jetez-y les navets puis les patates douces. Recouvrez d'eau. Assaisonnez avec le curcuma et le paprika. Salez et poivrez. Couvrez la marmite et laissez cuire 1 h 30 à feu doux. Au besoin, ajoutez de l'eau.

▨ Lorsque les patates douces sont tendres, si la sauce est trop liquide, faites-la réduire, en laissant la marmite découverte.

CONSEIL

Choisissez plutôt, dans la mesure du possible, des patates douces orange, pour jouer avec les couleurs.

POUR 6 PERSONNES
PRÉPARATION : 15 MIN
CUISSON : 1 H
DIFFICULTÉ : TRÈS FACILE
COÛT : BON MARCHÉ

Potiron aux oignons et raisins secs

- *2 kg de potiron*
- *300 g de raisins secs blonds*
- *700 g d'oignons*
- *1 cuil. à café de curcuma*
- *1 cuil. à café de gingembre*
- *2 cuil. à soupe de miel d'acacia liquide*
- *20 cl d'huile d'olive*
- *Sel, poivre du moulin*

◼ Faites tremper les raisins dans un saladier rempli d'eau froide.

◼ Épluchez les oignons et coupez-les en fines lamelles.

◼ Dans une marmite, versez l'huile d'olive, ajoutez-y les oignons, le miel, le gingembre et le curcuma. Faites-les confire à feu doux pendant environ 20 min. Salez légèrement et poivrez.

◼ Pendant ce temps, épluchez le potiron et coupez-le en gros dés. Égouttez les raisins, et jetez le tout sur les oignons. Remuez bien et versez un peu d'eau. Laissez mijoter à feu doux et à couvert pendant encore 40 min.

POUR 6 PERSONNES
PRÉPARATION : 30 MIN
CUISSON : 35 MIN
DIFFICULTÉ : FACILE
COÛT : RAISONNABLE

Gratin d'aubergines et pommes de terre

- 2 belles aubergines
- 2 belles pommes de terre
- 5 tomates
- 3 oignons
- 3 gousses d'ail
- 3 branches de persil
- 1 feuille de laurier
- 1 cuil. à café de thym
- 4 cuil. à soupe d'huile d'olive
- Huile pour friture
- Sel, poivre du moulin

▨ Épluchez les aubergines en laissant une bande de peau sur deux. Découpez-les en rondelles et faites frire celles-ci dans une poêle avec de l'huile pour friture sans les laisser dégorger. Égouttez-les bien.

▨ Lavez bien les pommes de terre et faites-les légèrement bouillir dans une casserole d'eau. Pelez-les et coupez-les en rondelles.

▨ Épluchez les oignons et l'ail. Coupez les oignons en lamelles et écrasez l'ail au presse-ail. Ébouillantez les tomates, pelez-les et épépinez-les.

▨ Préparez la sauce tomate : faites revenir dans l'huile d'olive les oignons, les tomates puis l'ail et le persil, ajoutez du sel, du poivre, le thym et le laurier. Comptez environ 30 min de cuisson.

▨ Préchauffez le four à 210 °C (th. 7). Lorsque la tomate est cuite, prenez un plat de service en terre. Disposez alternativement une couche de pommes de terre, une couche de sauce tomate et une couche d'aubergines. Terminez par une couche de tomates. Enfournez et laissez cuire 5 min.

POUR 4 À 6 PERSONNES
PRÉPARATION : 25 MIN
CUISSON : 30 À 35 MIN
DIFFICULTÉ : FACILE
COÛT : RAISONNABLE

Tajine rouge

- 3 patates douces
- 1 aubergine
- 1 poivron rouge
- 3 tomates
- 2 petits oignons rouges
- 1 petit bouquet
  de coriandre
- 20 dattes dénoyautées
- 1 cuil. à café rase
  de curcuma
- 1/2 cuil. à café de paprika
- 2 pincées de safran
  en poudre
- 15 cl de bouillon
  de légumes
- 3 cuil. à soupe d'huile
  d'olive
- Sel, poivre

▓ Lavez les légumes et la coriandre. Ciselez finement les oignons et la coriandre. Coupez le poivron en lamelles, détaillez les tomates et l'aubergine en cubes, puis épluchez les patates douces et détaillez-les également en dés.

▓ Dans une sauteuse, faites chauffer l'huile d'olive et faites blondir doucement les oignons. Ajoutez ensuite les épices et remuez bien le tout. Ajoutez les légumes et faites-les revenir 3 min à feu vif. Transvasez tous les légumes dans un plat à tajine puis ajoutez le bouillon. Salez, poivrez et parsemez de la moitié de la coriandre ciselée. Couvrez et laissez cuire 15 min. Ajoutez alors les dattes dénoyautées et poursuivez la cuisson de 10 à 15 min jusqu'à ce que tous les légumes soient bien tendres. Au moment de servir, parsemez le plat avec le reste de coriandre ciselée.

POUR 4 PERSONNES
PRÉPARATION : 25 MIN
CUISSON : 40 MIN
DIFFICULTÉ : FACILE
COÛT : RAISONNABLE

Tajines aux 8 légumes

- *2 petites courgettes*
- *2 tomates*
- *1 petite aubergine*
- *2 navets*
- *4 pommes de terre moyennes*
- *100 g de petits pois écossés*
- *2 petites carottes*
- *1/2 poivron rouge*
- *1 oignon*
- *1 bouquet de coriandre*
- *2 cuil. à café de cumin en poudre*
- *1 cuil. à café de paprika*
- *30 g d'olives noires*
- *1 petite boîte de pois chiches*
- *20 cl de bouillon de légumes*
- *4 cuil. à soupe d'huile d'olive*

▦ Lavez les légumes et la coriandre. Ciselez finement l'oignon et la coriandre. Épluchez les pommes de terre, les navets et les carottes, puis coupez-les en petits dés. Coupez les tomates et les courgettes en petits cubes et le poivron en lamelles.

▦ Dans une sauteuse, faites chauffer l'huile d'olive puis faites blondir les oignons. Ajoutez les épices puis tous les légumes. Mélangez bien et faites revenir à feu vif pendant 2 à 3 min.

▦ Transvasez le tout dans un plat à tajine puis ajoutez le bouillon, les olives, les pois chiches égouttés et les trois quarts de la coriandre ciselée. Couvrez et laissez cuire 35 min en surveillant régulièrement jusqu'à ce que les légumes soient bien fondants. Au moment de servir, parsemez le plat avec le reste de coriandre ciselée.

POUR 8 PERSONNES
TREMPAGE : 12 H
PRÉPARATION : 15 MIN
CUISSON : 30 À 40 MIN
DIFFICULTÉ : TRÈS FACILE
COÛT : BON MARCHÉ

Lentilles à la tomate

- *500 g de lentilles*
- *2 tomates*
- *2 oignons*
- *1 bouquet persil*
- *1/2 verre à moutarde d'huile*
- *1/2 cuil. à café de sel*
- *1 cuil. à café de poivre*

▨ Faites tremper les lentilles dans de l'eau froide pendant 12 h.

▨ Pelez les oignons et émincez-les. Pelez et épépinez les tomates, coupez-les en petits dés.

▨ Mettez les lentilles égouttées dans une casserole. Ajoutez ensuite les tomates, les oignons, l'huile, 50 cl d'eau, le poivre et le sel, et faites cuire le tout, à feu moyen et à mi-couvert, pendant 30 à 40 min.

▨ Incorporez le persil haché au contenu de la casserole 5 min avant la fin de la cuisson. Laissez épaissir la sauce et servez le plat chaud.

CONSEIL

Le temps de cuisson des lentilles dépend de la variété choisie : de 30 à 40 min pour les vertes, de 40 à 50 min pour les brunes et de 15 à 30 min pour les rouges. Mais ne les faites pas trop cuire, elles perdraient leur saveur.

POUR 8 PERSONNES
PRÉPARATION : 15 MIN
CUISSON : 15 À 20 MIN
DIFFICULTÉ : TRÈS FACILE
COÛT : BON MARCHÉ

Courgettes à la tomate

- *1 kg de courgettes longues et bien vertes*
- *2 tomates*
- *2 oignons moyens*
- *50 g de beurre*
- *1 cuil. à café de sel*
- *1 cuil. à café de poivre*

▨ Brossez les courgettes sous l'eau courante, essuyez-les, ôtez-en les extrémités et débitez-les en rondelles. Ébouillantez et pelez les tomates, épépinez-les et coupez-les en dés. Puis pelez et émincez les oignons.

▨ Mettez tous les légumes dans une casserole avec 50 cl d'eau, le beurre, le poivre et le sel, puis faites cuire le tout, à feu moyen et à mi-couvert, de 15 à 20 min.

▨ Dressez les courgettes sur un plat de service. Nappez-les de sauce onctueuse et servez chaud.

POUR 4 PERSONNES
DESSALAGE : 10 MIN
PRÉPARATION ET
CUISSON : 55 MIN
DIFFICULTÉ : FACILE
COÛT : RAISONNABLE

Mquele d'zitoun

– 1 kg de bœuf dans
le jarret, coupé en
morceaux de 50 à 60 g
– 5 gousses d'ail
– Le jus de 1/2 citron
– 2 gros citrons confits
– 1 kg d'olives cassées
au citron (dans les
épiceries orientales)
– 1 feuille de laurier
– 1 cuil. à café de cumin
en poudre
– 1 cuil. à café de niora
concassé
– 1 cuil. à café de
bicarbonate de soude
– 12 cuil. à soupe d'huile
d'olive
– Sel, poivre du moulin

▨ Faites dessaler les citrons confits dans un bol d'eau froide pendant 10 min en renouvelant l'eau trois fois. Égouttez-les. Pendant ce temps, épluchez l'ail et coupez-le en petits morceaux. Dénoyautez les olives.

▨ Dans une marmite, versez 7 cuillerées à soupe d'huile d'olive. Jetez-y les morceaux de viande et la feuille de laurier. Ajoutez 40 cl d'eau et portez à ébullition. Dès que le mélange bout, réduisez le feu et laissez cuire à feu doux et à couvert pendant 40 min. Au besoin, ajoutez de l'eau. Poivrez et salez légèrement.

▨ Dans une casserole, faites bouillir 40 cl d'eau et le bicarbonate de soude. Jetez-y les olives et laissez bouillir 5 min. Égouttez-les et rincez-les à l'eau froide.

▨ Faites chauffer le reste de l'huile dans une autre marmite. Ajoutez les olives, les citrons confits coupés en morceaux, le cumin, le niora et l'ail. Versez 20 cl d'eau et le jus de citron. Laissez mijoter à feu doux pendant 5 min. Dressez la viande rôtie entourée des olives sur le plat de service.

POUR 4 PERSONNES
PRÉPARATION : 10 MIN
CUISSON : 1 H
DIFFICULTÉ : FACILE
COÛT : CHER

Canard sucré
aux figues fraîches

- *1 petit canard ou
  1 canette de 1,5 à 1,8 kg*
- *1 kg de figues fraîches*
- *2 oignons*
- *2 gousses d'ail*
- *100 g de beurre*
- *2 cuil. à soupe de miel
  d'acacia liquide*
- *1 cuil. à café
  de gingembre*
- *1 cuil. à café de curcuma*
- *1 cuil. à café de cannelle*
- *Sel*

■ Épluchez les oignons et l'ail et coupez-les en lamelles. Découpez ensuite le canard en morceaux.

■ Faites fondre le beurre dans une marmite, ajoutez-y les morceaux de canard et faites-les revenir pendant quelques minutes. Retirez-les de la marmite et, à la place, faites revenir l'ail et l'oignon. Remettez les morceaux de canard et ajoutez le curcuma et le gingembre. Salez. Recouvrez d'eau et laissez mijoter à feu moyen et à couvert pendant environ 40 min. Réduisez le feu à mi-cuisson.

■ Pendant ce temps, lavez les figues et coupez-les en deux.

■ Après 40 min de cuisson, ajoutez le miel et la cannelle. Remuez délicatement avec une spatule pendant 10 min pour bien imprégner le canard de sauce.

■ Ajoutez les figues et faites cuire à feu doux pendant 5 min.

POUR 8 PERSONNES
PRÉPARATION : 15 MIN
CUISSON : 1 H 30
DIFFICULTÉ : FACILE
COÛT : RAISONNABLE

Agneau sucré aux dattes

- *1 gigot d'agneau de 1,8 kg*
- *1 kg de dattes*
- *5 oignons*
- *2 gousses d'ail*
- *100 g de beurre*
- *1 cuil. à café de gingembre*
- *1 cuil. à café de cannelle*
- *1 cuil. à café de curcuma*
- *3 cuil. à soupe de miel d'acacia liquide*
- *1 cuil. à soupe de graines de sésame*
- *Sel*

▨ Dénoyautez les dattes et lavez-les bien. Épluchez les oignons et l'ail, coupez les oignons en lamelles et écrasez l'ail au presse-ail. Coupez le gigot en morceaux.

▨ Dans une marmite, faites fondre le beurre, et faites-y dorer à feu moyen les morceaux de gigot. Remuez avec une spatule pour qu'ils dorent sans coller. Retirez la viande et, dans le jus de cuisson, faites revenir les oignons et l'ail.

▨ Au bout de 10 min, remettez la viande dans la marmite, ajoutez le gingembre et le curcuma. Salez et recouvrez d'eau froide. Couvrez et laissez mijoter à feu doux pendant environ 40 min.

▨ À ce moment, ajoutez les dattes, la cannelle et le miel, et laissez à nouveau mijoter 15 min. Pendant ce temps, faites griller légèrement les graines de sésame dans une poêle à sec.

▨ Lorsque la sauce a bien réduit, et que la viande est fondante, disposez le tout dans le plat de service et parsemez les graines de sésame grillées.

POUR 8 PERSONNES
PRÉPARATION : 30 MIN
CUISSON : 1 H 30
DIFFICULTÉ : FACILE
COÛT : RAISONNABLE

Agneau aux fèves et aux artichauts

- *1 gigot d'agneau de 2 kg*
- *16 gros artichauts*
- *1 kg de fèves fraîches*
- *2 oignons*
- *8 gousses d'ail*
- *1 citron*
- *1 bouquet de coriandre*
- *1 cuil. à café de curcuma*
- *1/2 cuil. à café de gingembre*
- *4 cuil. à soupe d'huile d'olive*
- *Sel, poivre du moulin*

▨ Coupez le gigot en morceaux. Épluchez les oignons et l'ail et coupez-les en fines lamelles.

▨ Dans une marmite, versez l'huile d'olive, ajoutez les oignons, l'ail et la viande. Assaisonnez avec le curcuma et le gingembre. Salez et poivrez. Recouvrez d'eau. Portez à ébullition sur feu fort, puis réduisez le feu et laissez mijoter à feu doux et à couvert, en surveillant le niveau de l'eau.

▨ Pendant ce temps, écossez les fèves, enlevez leurs ongles puis lavez-les. Épluchez les artichauts pour ne garder que les fonds que vous faites tremper dans de l'eau citronnée. Rincez la coriandre.

▨ Au bout de 1 h de cuisson, ajoutez les fèves au contenu de la marmite, laissez mijoter 10 min, puis ajoutez les fonds d'artichauts. Parsemez la coriandre ciselée. Laissez encore mijoter 20 min toujours à couvert. Ajoutez de l'eau si nécessaire.

▨ Lorsque les fonds d'artichauts sont tendres, vous pouvez servir.

POUR 6 PERSONNES
PRÉPARATION : 15 MIN
CUISSON : 45 MIN
DIFFICULTÉ : FACILE
COÛT : RAISONNABLE

Coquelets aux navets

- *3 ou 4 coquelets parés et vidés*
- *2 kg de navets*
- *2 oignons*
- *6 gousses d'ail*
- *2 citrons*
- *1 bouquet de coriandre*
- *2 cuil. à café de curcuma*
- *1 cuil. à café de gingembre*
- *4 cuil. à soupe d'huile d'olive*
- *Sel, poivre du moulin*

▨ Lavez et coupez les coquelets en deux dans le sens de la longueur.

▨ Épluchez l'ail et les oignons et coupez-les en lamelles. Épluchez les navets, lavez-les soigneusement, puis coupez-les en morceaux. Rincez la coriandre.

▨ Dans une marmite, versez les 4 cuil. à soupe d'huile d'olive, ajoutez les demi-coquelets et faites-les dorer sur les 2 faces. Retirez-les.

▨ À la place, faites revenir l'ail et les oignons. Lorsqu'ils sont dorés (au bout de 5 min), remettez les demi-coquelets, ajoutez le curcuma et le gingembre, du sel et du poivre. Recouvrez d'eau et faites cuire à feu moyen et à couvert pendant environ 20 min.

▨ Retirez les coquelets et jetez dans la sauce les navets et la coriandre ciselée. Versez le jus des 2 citrons et laissez mijoter à feu moyen et à couvert pendant 15 min. Servez lorsque les navets sont fondants.

POUR 6 PERSONNES
PRÉPARATION : 15 MIN
CUISSON : 2 H 10
DIFFICULTÉ : FACILE
COÛT : BON MARCHÉ

Tajine de bœuf aux patates douces

- *1 kg de bourguignon de bœuf*
- *2 belles patates douces*
- *2 oignons*
- *1 petit poivron vert long*
- *1/2 bouquet de persil plat*
- *1/2 bouquet de coriandre*
- *2 cuil. à café de curcuma*
- *2 cuil. à café de niora concassé*
- *1 cuil. à café de cumin en poudre*
- *1/2 cuil. à café de harissa*
- *3 cuil. à soupe d'huile de tournesol*
- *Sel, poivre du moulin*

■ Coupez le bourguignon de bœuf en petits morceaux.

■ Épluchez les patates douces, lavez-les bien, puis coupez-les en lamelles de 5 mm d'épaisseur. Réservez-les dans de l'eau salée. Lavez et coupez le poivron en rondelles. Pelez et émincez les oignons.

■ Dans une marmite, versez l'huile de tournesol, ajoutez la viande avec le curcuma et faites revenir en remuant bien pendant 5 min jusqu'à ce que la viande soit dorée. Salez et poivrez. Ajoutez 10 cl d'eau, couvrez et laissez cuire 15 min à feu doux.

■ Ajoutez ensuite les oignons, le poivron, le niora, la harissa et le cumin. Versez 30 cl d'eau, couvrez à nouveau la marmite et laissez cuire pendant environ 1 h 30 jusqu'à ce que la viande soit tendre. Rajoutez de l'eau en cours de cuisson si nécessaire. Découvrez la marmite et ajoutez patates douces, les herbes rincées et ciselées. Laissez mijoter 10 min.

■ Préchauffez le four à 210 °C (th. 7). Versez le tajine dans un plat de service allant au four et laissez dorer 10 min.

POUR 6 PERSONNES
PRÉPARATION : 10 MIN
CUISSON : 2 H
DIFFICULTÉ : TRÈS FACILE
COÛT : RAISONNABLE

Épaule d'agneau confite

- *1 épaule d'agneau semi-désossée de 1,5 kg*
- *4 gousses d'ail*
- *1 cuil. à café de curcuma*
- *1 cuil. à café de gingembre*
- *1 cuil. à soupe rase de sucre en poudre*
- *2 cuil. à soupe d'huile d'olive*
- *Sel, poivre du moulin*

▧ Épluchez les gousses d'ail et coupez-les en lamelles.

▧ Dans une marmite, versez l'huile d'olive. Déposez-y l'épaule. Assaisonnez avec l'ail, le gingembre, le curcuma et le sucre. Salez et poivrez. Recouvrez le tout d'eau froide et couvrez la marmite.

▧ Allumez le feu fort pour démarrer la cuisson et portez à ébullition. Réduisez alors le feu et laissez mijoter à feu doux pendant 2 h en surveillant la cuisson et le niveau de l'eau.

▧ Servez lorsque la sauce est réduite et un peu épaisse.

POUR 6 PERSONNES
PRÉPARATION ET
CUISSON : 1 H 40
DIFFICULTÉ : FACILE
COÛT : CHER

Tajine d'agneau aux pruneaux et aux amandes

- *1 gigot d'agneau de 1 kg*
- *500 g de pruneaux*
- *250 g d'amandes mondées*
- *1 oignon*
- *50 cl de vin blanc*
- *1/2 cuil. à café de ras-el-hanout*
- *1/2 cuil. à café de gingembre*
- *1 pointe de couteau de noix muscade*
- *1 cuil. à soupe d'huile d'olive*
- *2 cuil. à soupe d'huile pour friture*
- *Sel, poivre du moulin*

▨ Coupez la viande en morceaux. Pelez l'oignon, coupez-le en lamelles.

▨ Dans une marmite, versez l'huile d'olive et faites-y blondir l'oignon. Ajoutez les morceaux de viande, les épices et très peu d'eau. Couvrez la marmite et faites cuire 1 h 30 à feu doux.

▨ Faites tremper les pruneaux dans le vin blanc. Égouttez-les bien dès qu'ils ont gonflé.

▨ Faites chauffer l'huile pour friture dans une petite poêle, et faites-y frire les amandes, par petites quantités, jusqu'à ce qu'elles aient une belle couleur dorée. Réservez-les au chaud.

▨ Lorsque la viande est cuite, 5 min avant de servir, jetez les pruneaux dans la marmite. Salez et poivrez. Remuez. Versez le tout dans le plat de service et éparpillez les amandes sur la viande.

CONSEIL

Le ras-el-hanout est un mélange traditionnel marocain de quatre épices : cannelle, cumin, curcuma et muscade. Il accompagne délicieusement gibier, couscous, riz et tajines d'agneau.

POUR 8 PERSONNES
PRÉPARATION : 10 MIN
CUISSON : 1 H 25
DIFFICULTÉ : FACILE
COÛT : RAISONNABLE

Pigeons aux oignons

- *8 pigeons parés et vidés*
- *2 oignons moyens*
- *1 kg d'oignons grelots*
- *2 gousses d'ail*
- *1 bouquet de persil plat*
- *1 cuil. à café de curcuma*
- *1 cuil. à café de sucre
  en poudre*
- *4 cuil. à soupe de beurre
  fondu*
- *Sel*

▨ Épluchez les 2 oignons moyens et l'ail, puis coupez-les en lamelles. Lavez bien les pigeons.

▨ Dans une marmite, faites dorer les pigeons dans le beurre fondu. Retirez-les et, à la place, faites revenir les oignons pendant 5 min jusqu'à ce qu'ils soient translucides. Remettez alors les pigeons dans la marmite avec le curcuma et l'ail. Salez et recouvrez de 1 litre d'eau. Laissez cuire à feu moyen et à couvert pendant environ 1 h.

▨ Pendant ce temps, épluchez les oignons grelots. Rincez le persil.

▨ Au bout de 1 h de cuisson, ajoutez les oignons grelots, le sucre et le persil ciselé. Laissez mijoter à feu doux et toujours à couvert pendant 20 min.

POUR 6 PERSONNES
PRÉPARATION : 25 MIN
CUISSON : 50 MIN
DIFFICULTÉ : TRÈS FACILE
COÛT : BON MARCHÉ

Poulet aux aubergines

- *1 poulet coupé en morceaux ou 6 cuisses*
- *1 kg d'aubergines*
- *500 g de tomates*
- *4 gousses d'ail*
- *1/2 bouquet de coriandre*
- *1 cuil. à café de curcuma*
- *10 cl d'huile d'olive*
- *Huile pour friture*
- *Sel, poivre du moulin*

▧ Lavez les aubergines et épluchez-les à l'aide d'un couteau économe, en laissant une lanière de peau sur deux. Coupez-les en rondelles de 5 mm d'épaisseur et faites-les frire des 2 côtés dans de l'huile chaude. Posez-les ensuite sur une grille et laissez-les bien égoutter.

▧ Ébouillantez les tomates, pelez-les et épépinez-les, puis coupez-les en dés. Épluchez l'ail et coupez-le en lamelles. Rincez la coriandre et réservez-la.

▧ Dans une marmite, versez l'huile d'olive et faites dorer les morceaux de poulet de tous côtés. Retirez-les et mettez-les de côté.

▧ Dans l'huile du poulet, faites revenir les tomates avec l'ail et le curcuma. Laissez mijoter à feu doux pendant environ 10 min.

▧ Remettez les morceaux de poulet, ajoutez les aubergines et la coriandre ciselée et poursuivez la cuisson à feu doux pendant environ 30 min jusqu'à ce que la sauce épaississe. Salez et poivrez.

POUR 6 PERSONNES
PRÉPARATION : 10 MIN
CUISSON : 1 H 15
DIFFICULTÉ : TRÈS FACILE
COÛT : BON MARCHÉ

Poulet aux tomates et au miel

- *6 cuisses de poulet*
- *2 kg de tomates*
- *2 oignons*
- *2 gousses d'ail*
- *1 cuil. à café de gingembre*
- *1 cuil. à café de cannelle*
- *3 cuil. à soupe de miel d'acacia liquide*
- *1 cuil. à soupe de graines de sésame*
- *6 cuil. à soupe d'huile d'olive*
- *Sel, poivre du moulin*

▥ Ébouillantez et pelez les tomates. Épépinez-les et coupez-les en gros morceaux. Épluchez les oignons et l'ail et coupez-les en lamelles.

▥ Dans une marmite, faites chauffer l'huile d'olive, ajoutez-y les cuisses de poulet et faites-les dorer des 2 côtés pendant environ 5 min. Retirez le poulet et réservez-le.

▥ À la place, faites dorer les oignons et l'ail, ajoutez la cannelle et le gingembre ainsi que les tomates. Mélangez bien le tout. Posez dessus les cuisses de poulet. Salez et poivrez. Couvrez la marmite et laissez mijoter à feu doux pendant 1 h. Surveillez le poulet.

▥ Lorsque les tomates sont réduites en purée, retirez les cuisses de poulet que vous disposez sur le plat de service. Réservez au chaud. Versez le miel sur les tomates, remuez et laissez cuire 2 min.

▥ Faites griller légèrement les graines de sésame dans une poêle à sec. Versez la sauce tomate sur le poulet, parsemez le tout de graines de sésame et servez chaud.

POUR 8 PERSONNES
PRÉPARATION : 25 MIN
CUISSON : 25 MIN
DIFFICULTÉ : FACILE
COÛT : RAISONNABLE

Cailles aux raisins et aux oignons

- 16 cailles parées et vidées
- 2 kg de raisin frais sans pépins, italien de préférence
- 500 g d'oignons grelots
- 2 gousses d'ail
- 150 g de beurre
- 20 cl de crème fraîche
- Sel, poivre du moulin

▓ Lavez bien les cailles. Épluchez les oignons et l'ail, coupez les oignons en quatre et écrasez l'ail au presse-ail. Lavez et égrappez le raisin.

▓ Dans une marmite, faites fondre 100 g de beurre, déposez-y les cailles et faites-les dorer de tous côtés. Ajoutez les oignons et l'ail, du sel et du poivre. Versez 20 cl d'eau et laissez mijoter à feu doux et à couvert pendant environ 20 min.

▓ Pendant ce temps, dans une poêle, faites revenir le raisin dans le beurre restant. Faites dorer les grains pendant environ 5 min.

▓ Lorsque la sauce des cailles a réduit, disposez les volailles dans le plat de service. Versez la crème fraîche dans la sauce, jetez-y le raisin et remuez. Nappez-en aussitôt les cailles.

CONSEIL

Si vous êtes pressé, vous pouvez utiliser 1 kg d'oignons grelots surgelés.

POUR 6 PERSONNES
PRÉPARATION : 10 MIN
CUISSON : 50 MIN
DIFFICULTÉ : FACILE
COÛT : RAISONNABLE

Tajine d'agneau aux raisins et aux amandes

- *1 épaule d'agneau de 1,5 kg*
- *1 kg d'oignons*
- *500 g de raisins secs blonds*
- *250 g d'amandes mondées*
- *1 cuil. à café de gingembre*
- *1 cuil. à café de cannelle*
- *1 cuil. à soupe de sucre en poudre*
- *8 cuil. à soupe d'huile d'olive*
- *2 cuil. à soupe d'huile pour friture*
- *Sel, poivre du moulin*

▨ Découpez l'épaule d'agneau en morceaux. Rincez abondamment les raisins secs et épépinez-les s'ils sont gros. Épluchez et émincez les oignons.

▨ Dans une marmite, versez la moitié de l'huile d'olive et faites-y dorer les morceaux de viande. Ajoutez le gingembre, du sel, du poivre et 20 cl d'eau. Couvrez et laissez mijoter à feu très doux pendant environ 40 min.

▨ Pendant ce temps, dans un autre récipient et dans le reste d'huile d'olive, faites confire les oignons à feu doux en remuant bien pendant 10 min. Ajoutez les raisins secs, la cannelle et le sucre.

▨ Faites chauffer l'huile pour friture dans une petite poêle, et faites-y frire les amandes pendant 5 min. Retirez-les lorsqu'elles sont dorées et réservez-les au chaud.

▨ Avant de servir, ajoutez les oignons et les raisins dans la marmite de viande. Remuez délicatement. Versez le contenu de la marmite dans le plat de service et parsemez les amandes sur la viande. Servez aussitôt.

POUR 6 PERSONNES
PRÉPARATION : 10 MIN
CUISSON : 2 H 20
DIFFICULTÉ : FACILE
COÛT : RAISONNABLE

Tajine aux œufs d'or

- 1,5 kg de viande de bœuf
  (1/3 macreuse, 1/3 gîte,
  1/3 bourguignon)
- 500 g d'oignons
- 200 g d'amandes
  mondées
- 18 œufs de caille
- 3 gousses d'ail
- 1 bouquet de coriandre
- 2 cuil. à café
  de gingembre
- 2 cuil. à café de curcuma
- 4 cuil. à soupe d'huile
  d'olive
- 2 cuil. à soupe d'huile
  pour friture
- Sel

▨ Coupez la viande en petits dés. Épluchez et émincez les oignons. Épluchez l'ail et écrasez-le au presse-ail.

▨ Dans une marmite posée sur feu moyen, versez l'huile d'olive, puis ajoutez-y l'ail, les oignons, le gingembre, la moitié du curcuma, du sel et 10 cl d'eau. Remuez bien pour obtenir une sauce onctueuse avec les oignons dorés. Au bout de 10 min, ajoutez la viande et remuez souvent pour que les morceaux soient dorés sur tous les côtés et imprégnés de la sauce.

▨ Versez sur la viande 40 cl d'eau et posez dessus la coriandre bien lavée et liée en bouquet. Couvrez la marmite et portez à ébullition sur feu vif, puis laissez mijoter à feu doux pendant environ 2 h.

▨ Faites durcir les œufs 5 min dans une casserole d'eau salée. Rafraîchissez-les, écalez-les, puis remettez-les à bouillir avec le curcuma restant. Arrêtez le feu lorsqu'ils ont pris une jolie couleur jaune.

▨ Faites chauffer l'huile pour friture dans une petite poêle, et faites frire les amandes. Versez dans le plat de service, décorez avec les amandes et les œufs dorés.

POUR 8 PERSONNES
PRÉPARATION : 10 MIN
CUISSON : 20 MIN
DIFFICULTÉ : FACILE
COÛT : RAISONNABLE

Cailles aux raisins

- *16 cailles vidées et parées*
- *2 oignons*
- *1 gousse d'ail*
- *100 g de beurre*
- *1/2 cuil. à café de sel*
- *1 cuil. à café de poivre*

Pour la garniture
- *20 cl de crème fraîche*
- *2 kg de raisin frais (muscat)*
- *50 g de beurre*

▨ Mettez les cailles dans une cocotte avec le beurre, les oignons hachés, la gousse d'ail pelée, le poivre et le sel. Ajoutez 1 litre d'eau et faites cuire le tout, à feu moyen et à mi-couvert, pendant 20 min (ce temps dépend de la qualité et de la grosseur des cailles).

▨ Lavez et égrappez le raisin, puis faites revenir les grains dans une poêle avec le beurre pendant environ 10 min.

▨ Faites réduire le jus de cuisson des cailles, incorporez-y la crème fraîche juste avant de servir.

▨ Dressez les volailles dos à dos dans le plat de service. Répartissez le raisin, nappez de sauce et servez aussitôt.

CONSEIL

Faites cuire le raisin 5 min avant de servir.

POUR 8 PERSONNES
PRÉPARATION : 10 MIN
CUISSON : 45 MIN
DIFFICULTÉ : FACILE
COÛT : CHER

Perdreaux aux citrons confits

- *4 beaux perdreaux vidés et parés*
- *4 oignons*
- *8 gousses d'ail*
- *1 bouquet de coriandre*
- *1 bouquet de persil*
- *1 cuil. à café de gingembre*
- *1,5 cuil. à café de cumin*
- *2 doses de safran*
- *1 verre à moutarde d'huile*
- *6 citrons confits*
- *1/2 cuil. à café de sel*
- *1 cuil. à café de poivre*

▨ Versez 1,5 litre d'eau dans une grande cocotte. Ajoutez les perdreaux, l'huile, les doses de safran, les oignons émincés, l'ail pelé et écrasé, les fines herbes hachées, les épices, le poivre et le sel. Faites cuire le tout, à feu moyen, pendant 45 min.

▨ Incorporez les écorces de citron confit, taillées en fines lamelles, 5 min avant la fin de la cuisson

▨ Coupez les perdreaux en deux dans le sens de la longueur et dressez-les sur le plat de service, puis nappez-les de sauce bien onctueuse et servez chaud.

CONSEIL

La cuisson des perdreaux dépend de leur taille et de leur qualité. Si besoin est, ajoutez un peu d'eau.

POUR 4 PERSONNES
PRÉPARATION : 10 MIN
CUISSON : 50 MIN
DIFFICULTÉ : FACILE
COÛT : RAISONNABLE

Coquelets
aux figues fraîches

- *4 coquelets vidés et parés*
- *3 oignons*
- *2 gousses d'ail*
- *75 g de beurre*
- *2 doses de safran*
- *1 cuil. à café de gingembre en poudre*
- *1 cuil. à café de sel*

Pour la garniture
- *1 kg de figues fraîches fermes*
- *10 cl de crème fraîche*
- *100 g de sucre*

▥ Mettez les coquelets dans une cocotte avec les oignons émincés, l'ail écrasé, le beurre, le safran, le gingembre, le sel et 1 litre d'eau. Mélangez et faites cuire le tout à feu moyen pendant 40 min.

▥ Ajoutez le sucre et les figues fraîches lavées et coupées en deux dans le sens de la longueur. Comptez 3 min pour la cuisson des fruits, car ils doivent rester fermes. Incorporez la crème fraîche.

▥ Coupez les coquelets en deux dans le sens de la longueur, puis dressez-les sur un plat chaud. Disposez tout autour les moitiés de figues, et nappez le tout de sauce onctueuse.

CONSEILS

Il est préférable de faire cuire les figues juste avant de servir.
L'appellation « coquelet » désigne les volailles pesant de 600 à 900 g effilées. Le coquelet ne doit jamais être coupé, mais simplement fendu dans sa longueur.

POUR 8 PERSONNES
PRÉPARATION : 10 MIN
CUISSON : 30 MIN
DIFFICULTÉ : FACILE
COÛT : RAISONNABLE

Poulets
aux tomates sucrées

- *2 poulets moyens, vidés et parés*
- *2 oignons*
- *3 gousses d'ail*
- *100 g de beurre*
- *1/2 paquet de safran*
- *1 cuil. à café de gingembre en poudre*
- *1/2 cuil. à café de sel*

Pour la garniture
- *3 kg de tomates*
- *1 cuil. à café de cannelle*
- *150 g de sucre en poudre*
- *Graines de sésame pour la décoration*

▨ Découpez chaque poulet en 4 parts. Mettez les morceaux dans une cocotte avec l'ail haché, les oignons émincés, le beurre, les épices, le sel et 1 litre d'eau. Mélangez et faites cuire 25-30 min, à mi-couvert et à feu doux.

▨ Pendant ce temps, mettez les tomates pelées, épépinées et coupées en petits dés dans une poêle. Laissez-les mijoter à feu doux, jusqu'à évaporation totale du jus. Ajoutez le sucre et la cannelle et laissez caraméliser en remuant de temps à autre.

▨ Dressez les morceaux de poulets nappés de purée de tomates sur un plat chaud. Arrosez le tout avec le jus de cuisson bien réduit. Agrémentez la présentation en parsemant de quelques graines de sésame.

CONSEIL

Faites bien caraméliser la purée de tomates, elle doit être assez épaisse.

POUR 8 PERSONNES
PRÉPARATION : 20 MIN
CUISSON : 1 H
DIFFICULTÉ : FACILE
COÛT : RAISONNABLE

Gigot de mouton aux artichauts

- 1 kg de gigot découpé en morceaux
- 1,5 kg de fonds d'artichauts
- 2 oignons
- 1 bouquet de persil
- 1 cuil. à café de concentré de tomate
- 1 verre à moutarde d'huile
- 1 cuil. à café de poivre
- 1 cuil. à soupe de paprika en poudre
- 1 cuil. à café de sel
- L'écorce de 2 citrons confits

▨ Mettez les morceaux de viande dans une cocotte. Ajoutez les oignons émincés, l'huile, le poivre, le sel et 50 cl d'eau. Mélangez et faites cuire le tout à feu doux pendant 40 min.

▨ Ajoutez le concentré de tomate, les écorces de citron confit hachées, le paprika, le persil haché et, à la fin seulement, les fonds d'artichauts. Laissez mijoter pendant encore 15 ou 20 min.

▨ Dressez la viande sur un plat de service. Disposez les légumes tout autour et arrosez avec la sauce qui doit être assez onctueuse. Servez bien chaud.

CONSEIL

Ne faites pas trop cuire les artichauts afin qu'ils ne se défassent pas.

POUR 8 PERSONNES
PRÉPARATION : 15 MIN
CUISSON : 1 H 20
DIFFICULTÉ : FACILE
COÛT : RAISONNABLE

Épaule d'agneau aux petits oignons

- 1 épaule d'agneau (1,250 kg)
- 1 oignon émincé
- 4 gousses d'ail
- 100 g de beurre
- 100 g de sucre en poudre
- 1 cuil. à café de gingembre en poudre
- 2 doses de safran
- 1/2 cuil. à café de sel

Pour la sauce

- 3 kg de petits oignons blancs
- 250 g de sucre en poudre
- 2 cuil. à soupe de cannelle

▨ Taillez la viande en morceaux. Mettez ceux-ci dans une cocotte avec l'oignon émincé, l'ail pilé, le beurre, les épices, le sucre, le sel et 1,5 l d'eau. Mélangez et faites cuire le tout à feu moyen pendant 1 h.

▨ Préchauffez le four à 200 °C (th. 6). Retirez la viande de la cocotte, mettez-la dans un plat allant au four ou dans un tajine, puis saupoudrez-la avec 125 g de sucre et 1 cuil. à soupe de cannelle. Tenez-la au chaud.

▨ Pelez les oignons et faites-les cuire 10 min dans le jus de cuisson de la viande. Puis égouttez-les et recouvrez-en toute la viande. Saupoudrez le reste de sucre et de cannelle, arrosez avec la moitié de la sauce et mettez à caraméliser au four (th. 5-6).

▨ Pendant la cuisson, arrosez de temps en temps avec la sauce restante. Servez ce délicieux tajine tel quel dans son plat de cuisson.

CONSEIL

La réussite de cette recette repose sur certaines précautions : les petits oignons doivent rester entiers, la sauce doit être réduite et le dessus bien caramélisé.

POUR 8 PERSONNES
PRÉPARATION : 15 MIN
MACÉRATION : 1 H
CUISSON : 15 MIN
DIFFICULTÉ : FACILE
COÛT : RAISONNABLE

Tajine de boulettes de viande

- *750 g de viande de bœuf*
- *250 g de viande d'agneau*
- *1 rognon rouge de mouton*
- *5 gousses d'ail*
- *1 bouquet de coriandre*
- *1 bouquet de persil*
- *3 brins de menthe*
- *3 brins de marjolaine*
- *1 cuil. à café de poivre*
- *1 cuil. à café de sel*
- *50 g de fromage râpé*
- *1 œuf*

Pour la sauce
- *50 g de beurre*
- *500 g de tomates*
- *2 poivrons*
- *1 cuil. à café de cumin*
- *1 cuil. à café de cannelle*
- *1 cuil. à soupe de paprika doux*
- *8 œufs*
- *1/2 cuil. à café de sel*

▓ Hachez deux fois les viandes, le rognon, l'ail, la coriandre, le persil, la menthe, la marjolaine pour obtenir une farce très fine. Mélangez-la soigneusement avec le poivre, le sel, l'œuf et le fromage râpé. Laissez macérer au frais pendant 1 h.

▓ Façonnez des boulettes de la taille d'une grosse bille en les roulant entre les paumes de vos mains légèrement mouillées.

▓ Pelez et épépinez les tomates, coupez-les en dés. Épépinez les poivrons et hachez-les finement. Mettez tous les légumes dans un plat en terre allant sur le feu avec les épices, le beurre, le sel et 20 cl d'eau. Faites cuire le tout pendant 5 min.

▓ Puis ajoutez les boulettes en les répartissant bien. Comptez 5 min de cuisson. Remuez de temps en temps.

▓ Cassez les œufs, un à un, tout autour du plat ; ils cuiront en quelques minutes. Servez bien chaud.

POUR 8 PERSONNES
PRÉPARATION : 10 MIN
CUISSON : 1 H 20
DIFFICULTÉ : FACILE
COÛT : RAISONNABLE

Tajine aux aubergines

- *1 kg de collier de mouton détaillé en morceaux*
- *2 kg d'aubergines*
- *2 tomates*
- *2 oignons*
- *2 gousses d'ail*
- *1 bouquet de persil*
- *1/2 verre à moutarde d'huile*
- *Huile pour la friture*
- *1/2 cuil. à café de sel*
- *1 cuil. à café de poivre*

▓ Mettez les morceaux de mouton dans une cocotte. Ajoutez les oignons émincés, l'ail pilé, l'huile, le poivre, le sel et 1,5 litre d'eau. Mélangez bien et faites cuire, pendant 40 à 50 min, à mi-couvert et à feu moyen.

▓ Ajoutez le persil haché et les tomates pelées, épépinées et coupées en dés. Laissez mijoter encore pendant 15 à 20 min.

▓ Pendant ce temps, lavez, équeutez les aubergines. Découpez-les en rondelles de 1 cm d'épaisseur. Faites-les frire des 2 côtés dans l'huile chaude.

▓ Dès qu'elles sont bien dorées, retirez-les, égouttez-les et écrasez-les à la fourchette dans une passoire pendant qu'elles sont encore chaudes, pour éliminer le superflu d'huile. Faites sécher cette purée pendant 5 min dans une poêle sans matière grasse.

▓ Dressez les morceaux de viande avec la purée d'aubergines sur un plat chaud. Nappez de sauce et servez aussitôt.

POUR 16 BROCHETTES
(8 PERSONNES)
PRÉPARATION : 10 MIN
MACÉRATION : 2 H
CUISSON : 10 MIN
DIFFICULTÉ : TRÈS FACILE
COÛT : RAISONNABLE

Brochettes de mouton

- *1 kg de gigot de mouton désossé*
- *500 g de petits oignons blancs*
- *8 tomates coupées en quartiers*
- *1 bouquet de menthe fraîche*
- *1 bouquet de persil*
- *3 cuil. à soupe d'huile*
- *1/2 cuil. à café de sel*
- *1 cuil. à café de poivre*

▨ Mettez le gigot désossé et détaillé en cubes dans un grand saladier. Ajoutez les petits oignons pelés, les quartiers de tomate, la menthe et le persil hachés, l'huile, le poivre et le sel. Mélangez bien et laissez macérer pendant 2 h au réfrigérateur.

▨ Enfilez les dés de viande sur des brochettes, en les intercalant avec 1 oignon, puis 1 quartier de tomate et ainsi de suite.

▨ Placez les brochettes sur un gril bien chaud, et laissez cuire de 4 à 5 min. Servez-les aussitôt accompagnées d'une salade de maïs ou de graines de couscous.

POUR 20 À 25 PERSONNES
PRÉPARATION : 10 MIN
CUISSON : 3 À 4 H
DIFFICULTÉ : FACILE
COÛT : CHER

Méchoui à la broche

- *1 agneau de 10 à 11 kg*
- *6 têtes d'ail*
- *5 cuil. à soupe de cumin*
- *500 g de beurre*
- *50 cl d'huile d'olive*
- *2 cuil. à soupe de sel*

■ Dans votre cheminée, si elle est assez grande, ou dans votre jardin, préparez un bon feu de bois.

■ Épluchez les têtes d'ail et broyez-les au mixeur. Dans une casserole, faites fondre le beurre à feu doux. Dans un saladier, mélangez l'huile et le beurre, l'ail, le cumin et le sel. Avec cette préparation, badigeonnez bien au pinceau toutes les parties de l'agneau.

■ Embrochez la viande sur la tige en fer. Fixez solidement les dents des extrémités dans la chair.

■ Commencez à faire cuire le méchoui à la broche. Au début, les braises doivent être ardentes pour saisir la peau de l'agneau ; vous entretiendrez ensuite le feu de manière à obtenir une chaleur plus légère Faites tourner la broche de façon régulière pendant au moins 3 h, en badigeonnant constamment l'agneau.

■ Une fois la bête cuite, placez-la sur une grande table recouverte d'une toile cirée pour procéder au découpage : découpez les gigots, puis les épaules. Enfin, découpez la chair en lamelles assez épaisses que vous présenterez dans un grand plat.

POUR 20 À 25 PERSONNES
PRÉPARATION : 20 MIN
CUISSON : 3 À 4 H
DIFFICULTÉ : FACILE
COÛT : CHER

Méchoui farci au couscous

– 1 agneau de 10 à 11 kg

Pour la farce
– 2 kg de couscous fin
– 400 g de raisins secs
– 400 g d'amandes entières
– 250 g de sucre
– 1 cuil. à soupe
  de gingembre
– 6 pistils de safran
– 20 cl d'huile de friture

*Pour badigeonner
l'agneau*
– 6 têtes d'ail
– 5 cuil. à soupe de cumin
– 500 g de beurre
– 50 cl d'huile d'olive
– 2 cuil. à soupe de sel

▓ Préparez la semoule selon la méthode indiquée sur le paquet. Rincez soigneusement les raisins secs sous l'eau courante.

▓ Pelez les amandes après les avoir trempées 10 min dans de l'eau bouillante. Rincez-les et séchez-les. Faites chauffer l'huile de friture. Quand elle est chaude, mais non fumante, jetez-y les amandes. Laissez-les frire pendant 3 min. Lorsqu'elles ont refroidi, broyez-les grossièrement au hachoir.

▓ Dans un grand récipient, versez le couscous, les raisins secs, les amandes, le sucre, le gingembre et le safran. Mélangez. Farcissez l'agneau avec cette préparation, en veillant à bien répartir la farce.

▓ Recousez l'agneau avec un fil solide, puis badigeonnez-le avec le même mélange que celui préparé pour le méchoui à la broche (voir p. 108). Faites cuire de 3 à 4 h, comme le méchoui précédent.

▓ Une fois cuit, ouvrez l'agneau et placez la farce dans un plat de service que vous poserez sur le buffet.

POUR 10 PERSONNES
PRÉPARATION : 15 MIN
MACÉRATION : 2 H
CUISSON : 2 H
DIFFICULTÉ : FACILE
COÛT : RAISONNABLE

Épaule en méchoui

- *2 épaules d'agneau de 2 kg environ chacune*
- *1 cuil. à soupe de cumin*
- *2 cuil. à soupe de paprika doux*
- *15 cl d'huile d'arachide*
- *Sel, poivre*

▨ Dans un bol, versez l'huile d'arachide, puis le cumin, le paprika, du sel et du poivre. Disposez la viande sur une plaque de four et badigeonnez-la copieusement de cette préparation sur toute sa surface à l'aide d'un pinceau.

▨ Recouvrez la plaque d'un film étirable et laissez macérer dans le réfrigérateur pendant au moins 2 h.

▨ Trente minutes avant la cuisson, embrochez les épaules et fixez solidement les dents des extrémités de la broche dans la chair. Posez l'ensemble sur le barbecue.

▨ Faites cuire pendant 2 h en tournant la broche sans cesse et en badigeonnant de temps en temps les épaules pour que la peau soit croustillante.

CONSEIL

Vous pouvez faire légèrement cuire les épaules à la vapeur dans le haut d'un couscoussier avant de les préparer, la viande n'en sera que plus moelleuse.

POUR 10 PERSONNES
PRÉPARATION : 10 MIN
CUISSON : 2 H
DIFFICULTÉ : FACILE
COÛT : RAISONNABLE

Gigot d'agneau en méchoui

- *1 gigot d'agneau de 3 kg environ*
- *150 g de beurre*
- *1 cuil. à café de cumin*
- *1 cuil. à café de paprika doux*
- *1 cuil. à café de coriandre en poudre*
- *Sel, poivre*

▧ Préparez le feu au moins 1 h à l'avance pour avoir suffisamment de braises quand vous démarrerez la cuisson du gigot.

▧ Dans une casserole, faites fondre le beurre à feu doux, puis versez-le dans un bol. Ajoutez le cumin, le paprika, la coriandre, du sel et du poivre.

▧ Embrochez le gigot et badigeonnez-le copieusement de cette préparation à l'aide d'un pinceau.

▧ Commencez la cuisson en badigeonnant de temps en temps le gigot. Faites cuire lentement, pendant 2 h, sans cesser de tourner la broche.

▧ Découpez le gigot du haut vers le bas, en le tenant par l'os. Coupez parallèlement au morceau de viande.

POUR 6 PERSONNES
PRÉPARATION : 25 MIN
MARINADE : 1 H
CUISSON : 10 MIN
DIFFICULTÉ : FACILE
COÛT : RAISONNABLE

Cabillaud
à la chermola

- *6 belles tranches de cabillaud*
- *2 citrons*
- *10 gousses d'ail*
- *2 bouquets de coriandre*
- *3 cuil. à café de cumin en poudre*
- *3 cuil. à café de niora concassé*
- *1/2 cuil. à café de harissa*
- *6 cuil. à soupe d'huile d'olive*
- *Huile pour friture*
- *Farine*
- *Sel*

▨ Pressez le jus des 2 citrons. Pelez l'ail et écrasez-le au presse-ail. Rincez la coriandre.

▨ Confectionnez la marinade en mélangeant au jus des citrons, le cumin, le niora, la harissa, l'ail, l'huile d'olive, du sel et la coriandre ciselée.

▨ Lavez bien les tranches de cabillaud et essuyez-les avec du papier absorbant. Trempez chaque tranche, sur les 2 faces, dans la marinade puis déposez-les dans un plat que vous recouvrirez d'un film étirable. Laissez mariner 1 h au réfrigérateur.

▨ Égouttez légèrement les tranches de poisson, puis roulez-les dans la farine.

▨ Dans une poêle, faites chauffer de l'huile pour friture et faites frire le poisson 5 min de chaque côté.

CONSEIL

Le niora est un piment rond, doux et sec que l'on concasse grossièrement et qui relève agréablement le poisson. On l'achète chez tous les marchands d'épices orientales. À défaut, vous pouvez le remplacer par du paprika.

POUR 6 PERSONNES
PRÉPARATION : 10 MIN
CUISSON : 30 MIN
DIFFICULTÉ : FACILE
COÛT : RAISONNABLE

Colin au fenouil

- *6 belles tranches de colin*
- *2 bulbes de fenouil*
- *4 tomates*
- *Le jus de 1 citron*
- *1 cuil. à café de curcuma*
- *6 cuil. à soupe d'huile d'olive*
- *Sel, poivre du moulin*

▨ Lavez les tranches de colin et réservez-les. Lavez le fenouil ainsi que les tomates et coupez le tout en rondelles.

▨ Dans une marmite, versez l'huile d'olive et déposez dessus le fenouil et les tomates. Assaisonnez avec le curcuma, du sel et du poivre. Ajoutez 10 cl d'eau et laissez cuire à couvert et à feu doux pendant 15 min.

▨ Lorsque le fenouil est cuit, posez les tranches de colin au-dessus, arrosez avec le jus de citron, et laissez cuire à couvert et toujours à feu doux pendant 15 min. Si la sauce n'est pas assez réduite, découvrez la marmite et augmentez légèrement le feu. Surveillez la cuisson attentivement.

POUR 25 BOULETTES
ENVIRON
PRÉPARATION : 25 MIN
CUISSON : 20 MIN
DIFFICULTÉ : FACILE
COÛT : RAISONNABLE

Boulettes de poisson

- *750 g de poisson à chair blanche (daurade, merlan...)*
- *100 g de riz*
- *1 œuf*
- *1 gros oignon*
- *5 gousses d'ail*
- *1 bouquet de persil*
- *1 feuille de laurier*
- *1/2 cuil. à café de curcuma*
- *1/4 cuil. à café de noix muscade*
- *8 cuil. à soupe d'huile d'olive*
- *Sel, poivre du moulin*

▨ Ôtez les arêtes du poisson. Épluchez l'oignon et rincez le persil. Mettez tous ces ingrédients dans le bol d'un robot et mixez-les ensemble.

▨ À ce mélange, ajoutez l'œuf, le riz, la noix muscade, du sel et du poivre. Mélangez bien le tout et formez, avec les doigts, des boulettes de 4 cm de diamètre environ.

▨ Dans une marmite, versez l'huile d'olive et 1 verre d'eau (20 cl), ajoutez ensuite le curcuma, l'ail pelé et coupé en rondelles et le laurier. Salez, poivrez et portez à ébullition.

▨ Jetez alors les boulettes, une à une, dans la marmite, couvrez et laissez mijoter à feu moyen pendant 15 à 20 min. Disposez-les dans un plat avant de servir.

POUR 6 PERSONNES
PRÉPARATION : 25 MIN
CUISSON : 1 H
DIFFICULTÉ : DIFFICILE
COÛT : RAISONNABLE

Sardines à la tomate

- *1 kg de belles sardines*
- *8 tomates*
- *2 poivrons verts*
- *8 gousses d'ail*
- *1 bouquet de coriandre*
- *1 cuil. à soupe de niora concassé*
- *6 cuil. à soupe d'huile d'olive*
- *2 cuil. à soupe de vinaigre*
- *Sel, poivre du moulin*

▧ Ouvrez les sardines de haut en bas, sur un seul côté, en retirant d'un seul coup la tête et l'arête centrale. Mettez-les au fur et à mesure dans un saladier rempli d'eau additionnée de vinaigre.

▧ Rincez les sardines et posez-les délicatement dans une passoire pour les égoutter.

▧ Lavez et épépinez les poivrons avant de les couper en lamelles. Lavez les tomates et coupez-les en deux. Épluchez l'ail et coupez-le en rondelles. Rincez la coriandre.

▧ Prenez les sardines deux par deux et collez-les entre elles, chair contre chair.

▧ Dans une marmite, versez l'huile d'olive et 10 cl d'eau, et portez à ébullition. Ajoutez les poivrons, les tomates, l'ail, la coriandre ciselée et le niora. Salez et poivrez. Couvrez et faites cuire pendant 40 min jusqu'à ce que l'eau soit évaporée.

▧ Posez délicatement les sardines sur le lit de tomates et laissez mijoter à couvert pendant environ 20 min.

POUR 6 PERSONNES
PRÉPARATION : 10 MIN
CUISSON : 30 MIN
DIFFICULTÉ : FACILE
COÛT : RAISONNABLE

Daurade aux citrons confits

- *1 belle daurade de 2 kg, écaillée et vidée*
- *6 grosses tomates*
- *3 citrons confits*
- *10 gousses d'ail*
- *1 bouquet de persil plat*
- *1 cuil. à café de curcuma*
- *20 cl d'huile d'olive*
- *Poivre du moulin*

▧ Rincez abondamment les citrons confits à l'eau froide courante pour les dessaler. Lavez bien les tomates et coupez-les en rondelles. Épluchez l'ail et coupez-le en lamelles. Rincez le persil.

▧ Lavez soigneusement la daurade. Vous pouvez soit la présenter entière dans un grand plat, soit la découper en belles tranches.

▧ Dans une marmite, versez l'huile d'olive, ajoutez les rondelles de tomates, l'ail, les citrons confits coupés en morceaux, le curcuma et le persil ciselé. Poivrez, versez 10 cl d'eau, couvrez et faites cuire à feu moyen pendant 20 min.

▧ Posez dessus la daurade entière ou les tranches de daurade, et faites cuire à feu doux et à découvert pendant 10 min, en arrosant le poisson avec la sauce de temps à autre.

POUR 6 PERSONNES
PRÉPARATION : 15 MIN
CUISSON : 35 MIN
DIFFICULTÉ : FACILE
COÛT : CHER

Loup aux raisins secs

- *1 loup de 2,5 kg à 3 kg,*
  écaillé et vidé
- *200 g de riz*
- *300 g de raisins secs*
- *600 g d'oignons*
- *6 cuil. à soupe de beurre*
  fondu
- *1 cuil. à café*
  de gingembre
- *1 cuil. à café de curcuma*
- *2 cuil. à soupe de sucre*
  en poudre
- *1 cuil. à café de cannelle*
- *Huile pour le plat*
- *Sel, poivre du moulin*

▧ Lavez soigneusement le poisson, puis posez-le
sur une grille pour l'égoutter.

▧ Lavez bien les raisins secs et faites-en gonfler 150 g
dans un bol d'eau. Pelez les oignons et coupez-les
en lamelles. Réservez le tout séparément.

▧ Dans une casserole, faites cuire le riz et le reste
des raisins en mettant la quantité d'eau indiquée sur
l'emballage. La cuisson dure environ 10 min. Lorsque
le riz est prêt, ajoutez le gingembre, le curcuma et
3 cuil. à soupe de beurre fondu. Salez et poivrez.
Remplissez le poisson avec cette farce.

▧ Préchauffez le four à 200 °C (th. 6-7). Déposez
le loup farci dans un plat huilé allant au four, et faites
cuire environ 25 min.

▧ Pendant ce temps, faites revenir les oignons et les
raisins secs égouttés dans le beurre restant. Lorsque
les oignons ont blondi, ajoutez le sucre et la cannelle.
Remuez encore un peu pour que les oignons et les
raisins caramélisent. Servez le poisson entouré de
sa sauce aux oignons confits.

POUR 6 PERSONNES
PRÉPARATION : 10 MIN
CUISSON : 35 MIN
DIFFICULTÉ : FACILE
COÛT : BON MARCHÉ

Œufs de poisson aux fèves

- *1 kg d'œufs de poisson frais (cabillaud)*
- *1 kg de fèves fraîches*
- *3 poivrons rouges*
- *3 gousses d'ail*
- *1 bouquet de coriandre*
- *1 cuil. à café de curcuma*
- *1 pincée de piment de Cayenne*
- *3 cuil. à soupe d'huile d'olive*
- *Sel, poivre du moulin*

▰ Rincez soigneusement les œufs de poisson.

▰ Écossez les fèves et enlevez-leur les ongles. Lavez les poivrons, épépinez-les et coupez-les en quatre dans le sens de la longueur. Épluchez l'ail et coupez-le en lamelles. Rincez la coriandre.

▰ Dans une marmite, versez l'huile d'olive et 30 cl d'eau, ajoutez l'ail et le curcuma. Salez et poivrez. Portez à ébullition. Dès que le mélange bout, posez les morceaux de poivrons, couvrez et laissez mijoter à feu moyen pendant environ 10 min.

▰ Jetez ensuite les fèves dans cette sauce et, au besoin, ajoutez un peu d'eau. Laissez cuire 15 min.

▰ Lorsque les poivrons et les fèves sont tendres, posez délicatement dessus les œufs de poisson, ajoutez le piment de Cayenne et la coriandre ciselée. Laissez mijoter à feu doux et à découvert pendant environ 10 min, la sauce doit un peu épaissir.

CONSEIL

Si vous êtes pressé, vous pouvez utiliser des fèves surgelées.

POUR 6 PERSONNES
PRÉPARATION : 15 MIN
MARINADE : 1 H
CUISSON : 40 MIN
DIFFICULTÉ : FACILE
COÛT : CHER

Tajine de lotte au fenouil

- *800 g de lotte*
- *250 g de grosses crevettes crues décortiquées*
- *2 bulbes de fenouil*
- *2 oignons émincés*
- *250 g de pommes de terre (rattes)*
- *1 cuil. à soupe de fumet de poisson prêt à l'emploi*
- *3 cuil. à soupe d'huile d'olive*

Pour la sauce
- *Le jus de 2 citrons*
- *6 branches de coriandre*
- *3 gousses d'ail*
- *6 cuil. à café de cumin en poudre*
- *6 cuil. à café de niora concassé*
- *1 pointe de couteau de piment de Cayenne*
- *Sel*

▓ Retirez la peau et l'arête centrale de la lotte. Détaillez ensuite la chair en petits morceaux.

▓ Lavez les fenouils, coupez le plumet et le trognon, et taillez-les en lamelles. Lavez les pommes de terre sans les éplucher, et réservez-les séparément.

▓ Préparez la marinade : mélangez au jus des citrons, l'ail pelé et écrasé, le cumin, le niora, le piment de Cayenne et la coriandre rincée et ciselée. Salez. Répartissez la marinade moitié-moitié dans 2 saladiers. Dans l'un, ajoutez la lotte, dans l'autre, les crevettes. Mélangez bien. Couvrez et mettez 1 h au réfrigérateur.

▓ Dans une marmite, versez l'huile d'olive et faites dorer les oignons pendant 5 min. Ajoutez ensuite l'émincé de fenouil en remuant 10 min sur feu moyen. Lorsque le fenouil est tendre, ajoutez les rattes et le fumet de poisson. Laissez cuire à feu moyen et à couvert pendant environ 10 min.

▓ Versez alors la lotte avec sa marinade, et laissez cuire 5 min. Puis ajoutez les crevettes avec leur marinade, et laissez 5 min encore. Servez.

POUR 4 PERSONNES
PRÉPARATION : 30 MIN
CUISSON : 25 MIN
DIFFICULTÉ : TRÈS FACILE
COÛT : BON MARCHÉ

Mulet aux blettes

- *1 mulet de 1,5 kg à 2 kg, écaillé, vidé et coupé en tranches*
- *1,5 kg de blettes*
- *2 poivrons rouges*
- *6 gousses d'ail*
- *1 citron*
- *1 cuil. à café de niora concassé*
- *20 cl d'huile d'olive*
- *Sel, poivre du moulin*

▓ Lavez soigneusement les tranches de poisson et réservez-les au réfrigérateur.

▓ Préparez les blettes : découpez les feuilles que vous utiliserez pour une autre préparation et ne conservez que les côtes. Coupez-les en lanières de 2 cm environ et enlevez les fils en formant des tronçons longs de 4 cm. Mettez-les au fur et à mesure dans un saladier rempli d'eau citronnée.

▓ Dans une eau bouillante salée et citronnée, faites cuire les côtes de blettes 3 min, juste pour les ramollir. Sortez-les, puis égouttez-les.

▓ Lavez les poivrons rouges, épépinez-les et coupez-les en quatre dans le sens de la longueur. Épluchez l'ail et coupez-le en lamelles.

▓ Dans une marmite, versez l'huile d'olive, ajoutez les côtes de blettes égouttées, les poivrons, l'ail et le niora. Salez et poivrez. Faites cuire 10 min à feu doux et à couvert. Lorsque la sauce a un peu réduit, posez les tranches de poisson sur les blettes et laissez cuire à feu doux pendant environ 10 min.

POUR 8 PERSONNES
PRÉPARATION : 10 MIN
CUISSON : 25 À 30 MIN
DIFFICULTÉ : FACILE
COÛT : CHER

Loup à la coriandre

- *1 loup de 1,5 kg vidé et paré*
- *2 citrons*
- *1/2 verre à moutarde d'huile*
- *2 cuil. à soupe de coriandre en poudre*
- *1 bouquet de coriandre fraîche hachée*
- *1/2 cuil. à café de sel*
- *1/2 cuil. à café de poivre*

▦ Lavez le poisson sous l'eau courante froide. Avec un couteau, pratiquez quelques incisions sur les flancs du poisson.

▦ Mélangez l'huile avec les deux coriandres, le poivre et le sel, et enduisez-en le poisson à l'intérieur et à l'extérieur.

▦ Préchauffez le four à 170 °C (th. 5). Déposez le loup dans un plat à gratin tapissé de rondelles de citron. Faites cuire le poisson au four, à mi-hauteur, de 25 à 30 min. Arrosez-le régulièrement avec le jus de cuisson. Servez-le chaud, accompagné d'une salade de germes de soja ou d'une salade mixte.

VARIANTES

Vous pouvez aussi réaliser ce plat avec un pageot ou un mulet du même poids.

POUR 8 PERSONNES
PRÉPARATION : 10 MIN
MACÉRATION : 1 H
CUISSON : 5 MIN
DIFFICULTÉ : FACILE
COÛT : RAISONNABLE

Filets de thon
aux câpres

- *8 tranches de thon frais*
- *2 cuil. à soupe d'huile*
- *1/2 cuil. à café de cumin en poudre*
- *1/2 cuil. à café de piment fort*
- *4 gousses d'ail pilées*
- *1/2 cuil. à café de sel*
- *Huile pour friture*

Pour la sauce
- *30 g de beurre*
- *2 oignons*
- *2 cuil. à soupe de concentré de tomate*
- *1 bouquet de persil*
- *2 citrons pour la décoration*
- *100 g de câpres*
- *1/2 cuil. à café de sel*
- *1/2 cuil. à café de poivre*

▦ Mélangez soigneusement l'huile, le cumin, le piment, l'ail et le sel, puis enduisez-en les filets et laissez macérer 1 h.

▦ Faites frire les filets de thon dans l'huile chaude, 2 à 3 min de chaque côté. Tenez-les au chaud.

▦ Mettez le beurre avec les oignons émincés, le concentré de tomate, le persil haché, les câpres, le poivre et le sel dans une poêle. Faites revenir le tout, à feu doux, pendant 5 min.

▦ Dressez les filets de thon bien dorés et nappés de sauce sur un plat. Disposez tout autour des quartiers de citron. Vous pouvez accompagner ce délicieux plat d'une salade cuite.

VARIANTES

Vous pouvez aussi réaliser cette recette avec des filets de lotte ou de sole. Procédez comme pour les filets de thon.

POUR 8 PERSONNES
PRÉPARATION : 10 MIN
CUISSON : 20 MIN
DIFFICULTÉ : TRÈS FACILE
COÛT : CHER

Soles à l'oignon

- *8 soles vidées et parées*
- *500 g d'oignons*
- *1 bouquet de persil*
- *100 g d'amandes mondées*
- *50 g de beurre*
- *1 cuil. à café de sel*
- *1 cuil. à café de poivre*

▦ Préchauffez le four à 170 °C (th. 5). Dans une poêle, faites revenir ensemble, à feu doux, les oignons émincés, le beurre, le persil haché, le sel et le poivre, pendant 5 min.

▦ Essuyez les soles bien soigneusement avec du papier absorbant. Rangez-les côte à côte dans un plat à gratin préalablement huilé. Recouvrez-les de sauce et faites-les cuire au four, à mi-hauteur, pendant 15 à 20 min.

▦ Servez les soles dans le plat de cuisson après les avoir parsemées d'amandes frites, grossièrement hachées. Accompagnez-les de pommes de terre vapeur.

VARIANTES

Vous pouvez également réaliser cette recette avec des limandes ou encore des petits filets de merlans.

POUR 8 PERSONNES
PRÉPARATION : 15 MIN
MACÉRATION : 1 H
CUISSON : 5 MIN
DIFFICULTÉ : TRÈS FACILE
COÛT : RAISONNABLE

Brochettes de poisson

- *1 kg de chair de poisson (lotte ou espadon)*
- *6 gousses d'ail*
- *1 bouquet de persil*
- *1 bouquet de coriandre*
- *1 cuil. à café de piment doux*
- *1/2 cuil. à café de piment fort*
- *1/2 cuil. à café de cumin en poudre*
- *3 cuil. à soupe d'huile*
- *1 cuil. à café de sel*

▦ Lavez et hachez le persil ainsi que la coriandre. Pelez et hachez l'ail.

▦ Détaillez la chair du poisson en gros dés, puis mélangez-les avec l'ail, les fines herbes, les piments, le cumin, l'huile et le sel, et laissez macérer pendant environ 1 h au réfrigérateur.

▦ Enfilez les dés de poisson sur des brochettes. Placez-les sous le gril électrique bien chaud et faites-les cuire légèrement (5 min).

CONSEIL

Vous pouvez également cuire ces brochettes au barbecue ou au feu de bois.

POUR 4 PERSONNES
PRÉPARATION : 15 MIN
CUISSON : 35 MIN
DIFFICULTÉ : FACILE
COÛT : RAISONNABLE

Tajine de calamars au paprika

- *700 g d'anneaux de calamar*
- *2 poivrons rouges*
- *1 oignon*
- *100 g de dés de tomates pelées*
- *1 cuil. à soupe de paprika*
- *1 branche de romarin frais*
- *3 cuil. à soupe d'huile d'olive*
- *Sel, poivre*

▓ Lavez et épluchez les poivrons et coupez-les en lanières. Ciselez l'oignon. Dans une sauteuse, faites chauffer 2 cuil. à soupe d'huile d'olive et faites revenir les oignons. Lorsqu'ils sont bien fondus, ajoutez les lanières de poivrons, les tomates en dés et laissez cuire 10 min.

▓ Dans une poêle, faites chauffer le reste de l'huile d'olive et ajoutez les anneaux de calamar. Faites-les poêler pendant 10 min. Récupérez le jus rendu par les calamars, ajoutez-le dans la sauteuse et poursuivez la cuisson 5 min. Transvasez le tout dans un plat à tajine, puis ajoutez le paprika et le romarin. Salez, poivrez et laissez mijoter à couvert pendant 20 min.

POUR 4 PERSONNES
PRÉPARATION : 20 MIN
CUISSON : 55 MIN
DIFFICULTÉ : FACILE
COÛT : RAISONNABLE

Tajine de rougets aux olives noires

- *700 g de pommes de terre*
- *2 oignons*
- *45 g d'olives noires*
- *25 cl de fumet de poisson*
- *1/2 cuil. à café de cannelle*
- *1/2 cuil. à café d'anis vert en graines*
- *1/2 cuil. à café de cumin en poudre*
- *12 filets de rouget*
- *2 cuil. à soupe d'huile d'olive*
- *Sel, poivre*

▨ Épluchez les pommes de terre et coupez-les en rondelles, puis émincez finement les oignons. Faites chauffer l'huile d'olive dans une poêle et faites-y fondre doucement les oignons.

▨ Disposez les rondelles de pomme de terre dans le fond d'un plat à tajine puis répartissez les oignons revenus par-dessus. Ajoutez les olives, le fumet de poisson, les épices, couvrez et laissez cuire à feu doux pendant 45 min.

▨ Disposez ensuite les rougets, chair contre les légumes. Arrosez de 1 filet d'huile d'olive, puis prolongez la cuisson à couvert de 10 min.

Cuisson des graines de couscous

- 2 kg de graines
  de couscous
- 100 g de beurre
- 1 verre à moutarde
  d'huile
- 1 cuil. à soupe de sel
- 50 cl d'eau

■ Lavez rapidement et égouttez le couscous. Mettez-le dans un grand plat et roulez-le du bout des doigts pour bien séparer les graines. Versez-les dans le panier supérieur du couscoussier.

■ Posez sur le faitout en ébullition. Trempez une bande de tissu dans un mélange de farine et d'eau. Enroulez-la au point de contact entre le faitout et le panier supérieur. Faites cuire à découvert jusqu'à ce que la vapeur traverse les graines.

■ Retirez le panier. Versez les graines dans le plat. Aspergez-les d'huile tout en les égrenant avec légèreté pour défaire les grumeaux. Lorsque l'huile est absorbée, remettez à cuire. Dès que la vapeur s'échappe, ôtez le panier.

■ Répétez l'opération précédente, mais cette fois salez les graines et parsemez-les de copeaux de beurre. Vous réchaufferez le couscous dans le panier avant de servir.

POUR 8 PERSONNES
TREMPAGE : 12 H
PRÉPARATION : 20 MIN
MACÉRATION : 1 H
CUISSON : 1 H
DIFFICULTÉ : FACILE
COÛT : RAISONNABLE

Couscous au poisson

- *2 kg de graines*
  de couscous
- *1 pageot de 1,5 à 2 kg*
  vidé et paré
- *4 oignons*
- *250 g de pois chiches*
- *4 tomates*
- *500 g de pommes de terre*
- *500 g de courgettes*
- *1 chou*
- *1 bouquet de coriandre*
- *20 cl d'huile*
- *1 cuil. à café de sel*
- *1 cuil. à soupe de poivre*

Pour la marinade
- *2 cuil. à soupe d'huile*
- *1 cuil. à café de cumin*
  en poudre
- *1 cuil. à café de piment*
  doux
- *1/2 cuil. à café de piment*
  fort
- *1/2 cuil. à café de sel*
- *1 cuil. à café de poivre*

▨ La veille, mettez les pois chiches à tremper dans de l'eau froide pendant 12 h. Coupez le pageot en tranches de 2 cm d'épaisseur. Faites-le macérer dans le mélange d'huile et d'épices pendant 1 h.

▨ Dans le faitout du couscoussier, mettez 1,5 litre d'eau avec les oignons, les pois chiches égouttés, l'huile, les tomates pelées, épépinées et coupées en dés, le poivre, le sel. Faites cuire 10 min à feu moyen. Faites cuire la graine en même temps (voir p. 142).

▨ Ajoutez au contenu du faitout les légumes pelés et coupés en deux dans le sens de la longueur (pommes de terre et courgettes) ou en quatre (chou), ainsi que la coriandre ficelée. Laissez cuire de 15 à 20 min.

▨ Lorsque la graine est cuite, déposez les tranches de poisson dans le haut du couscoussier. Faites-les cuire à la vapeur des légumes 10 min. Dressez le couscous en dôme dans un plat, et disposez le poisson et les légumes par-dessus. Vous pouvez réaliser ce plat avec d'autres poissons à chair assez ferme, tels que la daurade ou le colin.

POUR 8 PERSONNES
TREMPAGE : 12 H
PRÉPARATION : 20 MIN
CUISSON : 1 H 15
DIFFICULTÉ : FACILE
COÛT : RAISONNABLE

Couscous d'Ourika

- *2 kg de graines de couscous*
- *1,5 kg de viande (veau ou agneau) coupée en morceaux*
- *200 g de pois chiches*
- *50 cl de lait*
- *2 oignons*
- *600 g de navets*
- *600 g de courgettes*
- *2 doses de safran*
- *1 verre à moutarde d'huile*
- *1 cuil. à café de sel*
- *1 cuil. à café de poivre*

▥ Laissez tremper les pois chiches dans de l'eau froide pendant 12 h.

▥ Dans le bas du couscoussier, mettez la viande, les oignons émincés, les pois chiches égouttés, le safran, l'huile, le poivre, le sel et 2 litres d'eau. Mélangez bien et faites cuire le tout 1 h à feu moyen. Faites cuire la graine en même temps (voir p. 142).

▥ Pelez les navets, ôtez les extrémités des courgettes. Coupez les légumes en deux dans le sens de la longueur, ajoutez-les au contenu de la marmite. Faites cuire 15 min. Versez le lait 5 min avant la fin de la cuisson.

▥ Mouillez le couscous avec 2 ou 3 louches de sauce. Dressez-le en dôme dans un grand plat. Disposez la viande par-dessus et les légumes tout autour. Arrosez le tout avec la moitié de la sauce, et servez bien chaud. Présentez le reste de sauce dans un bol à part.

POUR 10 PERSONNES
PRÉPARATION : 10 MIN
CUISSON : 1 H
TREMPAGE : 1 NUIT
DIFFICULTÉ : FACILE
COÛT : RAISONNABLE

Couscous au bœuf et aux raisins secs

- *1,5 kg de gîte de bœuf*
- *1 kg de couscous fin*
- *250 g de pois chiches secs*
- *1 kg de raisins secs*
- *1 kg d'oignons*
- *150 g de beurre*
- *5 pistils de safran*
- *1 cuil. à café de cannelle*
- *1 cuil. à café de sel*

▨ La veille, faites tremper les pois chiches dans un saladier rempli d'eau.

▨ Coupez la viande en gros cubes. Rincez-les, ainsi que les pois chiches, sous l'eau courante. Épluchez et coupez 1 oignon en lamelles.

▨ Dans le bas du couscoussier, mettez la viande, les pois chiches et l'oignon. Ajoutez 100 g de beurre, le safran, le sel et recouvrez largement d'eau. Laissez cuire pendant 1 h à feu moyen. Gardez le jus de cuisson.

▨ Préparez la semoule comme indiqué sur le paquet. Épluchez et émincez le reste des oignons et faites tremper les raisins dans un saladier d'eau.

▨ Dans une marmite, faites fondre le reste du beurre. Ajoutez la cannelle, puis faites confire les oignons pendant 15 min, en remuant. Ajoutez les raisins secs.

▨ Lorsque la viande et les pois chiches sont cuits, arrosez le couscous avec le jus de cuisson. Servez chaud en présentant les raisins secs et les oignons confits dans un plat à part.

POUR 10 PERSONNES
PRÉPARATION : 3 H
EN 3 JOURS
CUISSON : 4 H 30
TREMPAGE : 1 NUIT
DIFFICULTÉ : DIFFICILE
COÛT : RAISONNABLE

Couscous aux fèves et au pied de bœuf

- *1 kg de couscous fin*
- *1,5 kg de plates côtes de bœuf*
- *1 pied de bœuf*
- *500 g de fèves sèches*
- *500 g d'olives violettes*
- *1 tête d'ail*
- *1 cuil. à soupe de niora*
- *Sel*

▨ Faites tremper les fèves dans de l'eau froide dès le jeudi. Le vendredi matin, placez dans une grande marmite les viandes et l'ail en chemise. Salez, ajoutez le niora, puis recouvrez largement d'eau. Portez à ébullition à feu fort. Après 2 ou 3 bouillons, baissez le feu. Rincez bien les fèves. Ajoutez-les au contenu de la marmite.

▨ Au bout de 2 h de cuisson, ajoutez les olives rincées et fendues de 2 ou 3 légers coups de couteau. Arrêtez la cuisson lorsque les fèves sont tendres. Laissez refroidir, puis gardez au réfrigérateur jusqu'au lendemain.

▨ Le samedi, versez le couscous dans un plat creux. Arrosez-le avec 10 cl d'eau, puis versez-le dans la partie haute du couscoussier. Mettez de l'eau dans la partie basse et portez à ébullition. Laissez cuire 15 min. Remettez la marmite à chauffer à feu très doux. Ajoutez de l'eau pour que la viande n'attache pas.

▨ Une heure trente avant le repas, arrosez le couscous avec la moitié du bouillon de la marmite très chaud. Maintenez-le au chaud en remuant de temps en temps. Répétez l'opération plusieurs fois. Servez le couscous bien chaud.

POUR 10 PERSONNES
PRÉPARATION : 10 MIN
CUISSON : 2 H
DIFFICULTÉ : FACILE
COÛT : RAISONNABLE

La noire « Bkela »

- *1 kg de jarret de bœuf*
- *2 pieds de veau coupés en morceaux*
- *1 kg de couscous fin*
- *300 g de haricots blancs lingots*
- *1,5 kg d'épinards surgelés*
- *3 gousses d'ail*
- *1 bouquet de persil plat*
- *1/2 bouquet de menthe fraîche*
- *1 cuil. à soupe de niora*
- *1/2 cuil. à café de cannelle*
- *25 cl d'huile d'arachide*
- *Sel*

▉ Lavez soigneusement le persil et la menthe avant de les ciseler. Épluchez l'ail et broyez-le au presse-ail.

▉ Dans une poêle, à feu très doux, faites fondre les épinards en remuant constamment et en ajoutant petit à petit 20 cl d'huile. Lorsque les épinards prennent une couleur foncée, ajoutez le persil, la menthe, le niora et l'ail. Faites cuire environ 1 h.

▉ Dans une marmite, faites revenir le jarret dans l'huile restante. Ajoutez ensuite les pieds de veau et recouvrez d'eau. Au bout de 30 min de cuisson, ajoutez les épinards, les haricots et la cannelle. Rectifiez l'assaisonnement. Laissez encore mijoter 1 h.

▉ Pendant ce temps, préparez le couscous comme indiqué sur le paquet.

▉ Arrosez généreusement la semoule avec le bouillon. Servez la viande, les épinards et les haricots dans un plat, la semoule à part.

CONSEIL

Servez très chaud car le bouillon se solidifie en refroidissant.

POUR 10 PERSONNES
PRÉPARATION : 15 MIN
CUISSON : 20 MIN
MARINADE : 5 H
DIFFICULTÉ : FACILE
COÛT : BON MARCHÉ

Couscous de poulet mariné, sauce thaïe

- *10 escalopes de poulet*
- *1 kg de couscous fin*
- *8 carottes*
- *10 navets*
- *4 tomates*
- *500 g de pois chiches en boîte*
- *1 bouillon cube de poulet*
- *12 pistils de safran*
- *100 g de beurre*
- *2 cuil. à soupe d'huile d'olive*
- *Sel*

Pour la marinade
- *50 g de gingembre râpé*
- *6 cl de sauce soja*
- *1 cuil. à café de piment fort en poudre*
- *50 cl de lait de coco en boîte*

▓ Assaisonnez le poulet avec les épices et le lait de coco. Laissez 5 h au frais. Pelez carottes et navets et coupez-les en bâtonnets. Lavez-les avec les tomates, que vous couperez ensuite en quartiers épais.

▓ Dans la partie haute du couscoussier, déposez la semoule humidifiée avec 15 cl d'eau et dans le bas, émiettez le bouillon cube. Posez les escalopes et recouvrez-les avec les légumes. Salez et assaisonnez avec le safran. Couvrez d'eau. Portez à ébullition et posez la partie haute du couscoussier par-dessus. Laissez cuire 10 min.

▓ Versez la semoule dans un grand plat creux. Séparez les grains de semoule aux doigts. Incorporez encore 10 cl d'eau à la semoule, puis replacez-la dans le haut du couscoussier. Humidifiez pendant 5 min. Roulez encore la semoule, puis ajoutez les pois chiches égouttés.

▓ Mettez la semoule dans un plat, ajoutez le beurre et l'huile d'olive tout en mélangeant. Disposez les légumes et la volaille sur la semoule. Arrosez avec le bouillon. Servez chaud.

POUR 10 PERSONNES
PRÉPARATION : 20 MIN
CUISSON : 2 H
TREMPAGE : 12 H
DIFFICULTÉ : FACILE
COÛT : RAISONNABLE

Couscous
aux haricots blancs

- *1 kg de jarret de bœuf*
- *3 pieds de veau coupés en morceaux par le boucher*
- *1 kg de couscous fin*
- *500 g de haricots blancs lingots*
- *2 oignons*
- *2 tomates*
- *1 bouquet de persil plat*
- *1 cuil. à soupe de niora*
- *1 cuil. à café de cumin*
- *1/2 cuil. à café de harissa*
- *20 cl d'huile d'olive*
- *Sel, poivre*

▓ La veille, faites tremper les haricots dans un saladier rempli d'eau froide.

▓ Pelez et émincez les oignons. Ébouillantez les tomates, pelez-les, puis épépinez-les. Coupez-les en morceaux.

▓ Dans une marmite, versez l'huile et faites blondir les oignons, ajoutez ensuite les tomates. Salez et poivrez. Dix minutes plus tard, ajoutez le bœuf et les morceaux de pieds de veau bien rincés. Recouvrez d'eau. Laissez cuire environ 1 h à feu doux.

▓ Ajoutez les haricots blancs, assaisonnez avec le cumin, le niora et la harissa. Réduisez le feu lorsque le jus recommence à bouillonner. Ajoutez le persil ciselé. Laissez cuire encore 1 h en surveillant le bouillon de cuisson. Ajoutez de l'eau en cours de cuisson si les viandes se dessèchent.

▓ Pendant ce temps, préparez le couscous en suivant les indications données sur le paquet. Arrosez généreusement la semoule avec le bouillon et les haricots. Servez les viandes dans un plat à part.

POUR 10 PERSONNES
PRÉPARATION : 20 MIN
CUISSON : 20 MIN
DIFFICULTÉ : TRÈS FACILE
COÛT : BON MARCHÉ

Couscous au beurre

– *1 kg de couscous fin*
– *500 g de petits oignons grelots*
– *500 g de fèves vertes*
– *12 petites courgettes fines*
– *250 g de beurre*
– *Sel ou sucre*

▥ Épluchez les oignons et lavez-les. Écossez les fèves, enlevez leurs ongles et lavez-les. Lavez les courgettes sans les couper. Dans la partie basse du couscoussier, versez tous les légumes, salez et recouvrez largement d'eau. Portez à ébullition.

▥ Dans un grand récipient, versez le couscous et mouillez-le rapidement avec 20 cl d'eau et 125 g de beurre. Mélangez bien à la main et versez dans le haut du couscoussier. Couvrez.

▥ Lorsque les légumes sont cuits, après 10 min sur le feu, versez le couscous dans le plat de service. Remplissez un bol avec le bouillon des légumes et faites fondre le reste du beurre dedans.

▥ Arrosez abondamment la semoule avec ce bouillon, mélangez bien et répartissez dessus les légumes cuits.

▥ Servez avec du sel ou du sucre et, éventuellement, avec un autre bol de bouillon de légumes au beurre, pour les personnes qui aiment le couscous bien arrosé.

POUR 10 PERSONNES
PRÉPARATION : 10 MIN
CUISSON : 30 MIN
TREMPAGE : 12 H
DIFFICULTÉ : TRÈS FACILE
COÛT : BON MARCHÉ

Couscous
aux poivrons verts

– 1 kg de couscous fin
– 300 g de pois chiches secs
– 10 petites pommes
  de terre
– 4 oignons
– 10 poivrons verts « cornes
  de bœuf »
– 4 cuil. à soupe
  de concentré de tomates
– 1 cuil. à soupe de harissa
– 1 cuil. à café de curcuma
– 15 cl d'huile d'olive
– 1 cuil. à café de
  bicarbonate alimentaire
– 20 cl d'huile pour friture
– Sel

▓ Le soir, faites tremper les pois chiches dans un saladier d'eau additionnée de bicarbonate.

▓ Le lendemain, versez 1 l d'eau salée dans le bas du couscoussier. Placez-y les pois chiches bien rincés et les pommes de terre épluchées. Laissez cuire 30 min. Mettez le bouillon de côté.

▓ Dans le haut du couscoussier, faites gonfler le couscous jusqu'à ce que ses graines soient tendres, après l'avoir arrosé avec 10 cl d'eau. Pendant ce temps, faites blondir dans une poêle, avec l'huile d'olive, les oignons émincés. Ajoutez le concentré de tomates, la harissa et le curcuma. Salez.

▓ Dans l'huile de friture, faites frire les poivrons jusqu'à ce que la peau se détache. Gardez-les au chaud. Versez dans un saladier les oignons blondis. Ajoutez-y 20 cl du bouillon de cuisson des légumes et mélangez.

▓ Mettez le couscous dans le plat de service et arrosez-le avec le contenu du saladier. Disposez dessus les pois chiches, les pommes de terre, les poivrons verts et servez.

POUR 8 PERSONNES
PRÉPARATION ET
CUISSON : 3 H
TREMPAGE : 1 NUIT
DIFFICULTÉ : DIFFICILE
COÛT : RAISONNABLE

Couscous à la viande et aux légumes

- *1 kg de couscous fin*
- *1 kg de gîte de bœuf*
- *1 pied de bœuf*
- *1 gros oignon*
- *1 tomate*
- *1 chou vert paré*
- *8 petits oignons grelots pelées*
- *8 carottes pelées*
- *8 navets pelés*
- *8 courgettes*
- *1 morceau de potiron*
- *300 g de pois chiches secs*
- *1 bouquet de coriandre*
- *1 feuille de laurier*
- *1 cuil. à soupe de thym*
- *5 cuil. à soupe d'huile d'olive*
- *1 cuil. à soupe de bicarbonate alimentaire*
- *Sel, poivre*

▋ La veille, versez les pois chiches dans un saladier, recouvrez-les d'eau, ajoutez le bicarbonate et laissez-les tremper toute une nuit. Égouttez et rincez le lendemain.

▋ Dans une grande marmite, faites revenir dans un peu d'huile le gros oignon émincé ainsi que la tomate pelée et coupée en morceaux, avec le thym et le laurier. Ajoutez les viandes ainsi que les pois chiches, du sel et du poivre. Recouvrez d'eau et laissez mijoter 45 min. Ajoutez alors dans la marmite les petits oignons, les navets, les carottes, puis le chou vert entiers. Ciselez la moitié du bouquet de coriandre par-dessus.

▋ Lavez les courgettes et le morceau de potiron sous l'eau claire. Posez-les entiers dans la marmite et laissez mijoter à feu doux pendant 2 h environ. Surveillez la cuisson et ajoutez de l'eau régulièrement, de façon à ce qu'il y ait toujours du bouillon dans la marmite. Ciselez la coriandre restante par-dessus. Faites cuire la graine en même temps (voir p. 142). Salez la semoule et versez-la dans le plat de service. Arrosez-la avec le bouillon de cuisson des légumes et de la viande. Présentez séparément les légumes et la viande. Recouvrez-les de bouillon et de pois chiches.

POUR 10 PERSONNES
PRÉPARATION : 20 MIN
CUISSON : 13 À 15 MIN
DIFFICULTÉ : FACILE
COÛT : BON MARCHÉ

Randor

- *3 baguettes de pain rassises*
- *4 gousses d'ail*
- *1 cuil. à soupe de cumin*
- *1 cuil. à soupe de niora*
- *20 cl d'huile d'olive*
- *Sel*

▥ Laissez rassir les baguettes à l'air libre pendant environ 2 jours pour qu'elles soient bien sèches.

▥ Coupez-les en morceaux grossiers et broyez-les au hachoir, pas trop finement pour ne pas obtenir de poudre.

▥ Faites bouillir de l'eau dans le bas du couscoussier. Dans le haut, déposez le pain broyé, salé et arrosé d'eau. Laissez gonfler pendant environ 10 min.

▥ Dans une poêle, versez l'huile d'olive, les gousses d'ail pelées et écrasées au presse-ail, le cumin, le niora. Salez, puis faites chauffer à feu moyen en mélangeant pendant 3 min.

▥ Lorsque le pain a gonflé, versez la sauce dessus en remuant pour qu'il soit bien imprégné et disposez-le dans le plat de service. Ce « couscous » se sert toujours accompagné de chakchouka dont on peut dire qu'il est le « légume » d'accompagnement.

VARIANTE

Ce couscous original peut être cuisiné d'une façon plus classique en remplaçant le pain par de la semoule.

POUR 10 PERSONNES
PRÉPARATION : 20 MIN
CUISSON : 40 MIN
DIFFICULTÉ : FACILE
COÛT : RAISONNABLE

Couscous vert

- 1 kg de couscous fin
- 500 g d'oignons
- 500 g de petits pois frais
- 500 g de fèves fraiches
- 10 à 12 courgettes fines
- 16 à 18 fonds
  d'artichauts (selon
  la taille)
- 1 bouquet de coriandre
  fraiche
- 2 cuil. à soupe d'huile
  d'olive
- Sel

▦ Épluchez les oignons, lavez-les et coupez-les en lamelles. Écossez les petits pois et les fèves et mettez-les de côté, séparément. Lavez soigneusement les courgettes.

▦ Dans un grand plat creux, arrosez le couscous avec 10 cl d'eau et placez-le dans la partie haute du couscoussier. Dans la partie basse du couscoussier, faites bouillir 2 litres d'eau salée. Placez le haut du couscoussier sur le bas. Mélangez bien à l'aide d'une spatule en bois pour ramener les grains du dessous vers le haut.

▦ Dans une marmite, faites revenir les oignons dans l'huile. Lorsqu'ils sont dorés, ajoutez 50 cl d'eau salée et versez-y les fonds d'artichauts. Laissez cuire 10 min environ, puis mettez les petits pois.

▦ Dix minutes après, ajoutez les courgettes et les fèves et laissez cuire environ 20 min jusqu'à ce que les légumes soient fondants. Ciselez la coriandre sur les légumes. Servez la semoule arrosée de jus des légumes et utilisez les légumes pour décorer.

POUR 60 GÂTEAUX
PRÉPARATION : 10 MIN
REPOS : 20 MIN
CUISSON : 15 MIN
DIFFICULTÉ : FACILE
COÛT : BON MARCHÉ

Deniers aux noix

- *1 kg de semoule fine*
- *20 g de levure de boulanger*
- *100 g de beurre*
- *200 g de sucre*
- *60 cerneaux de noix pour décorer*
- *250 g de chocolat noir pour le glaçage*

▥ Travaillez la semoule, la levure délayée dans un peu d'eau, le beurre fondu, le sucre et 2 verres à moutarde d'eau, jusqu'à l'obtention d'une pâte consistante. Laissez reposer 20 min dans un endroit chaud.

▥ Préchauffez le four à 170 °C (th. 5). Étalez la pâte au rouleau sur une surface farinée. À l'aide d'un verre à liqueur, découpez des petits disques de pâte.

▥ Puis rangez-les sur une plaque beurrée, enfournez à mi-hauteur et laissez cuire pendant 15 min.

▥ Cassez le chocolat en morceaux et faites-le fondre au bain-marie.

▥ Retirez les gâteaux du four. À l'aide d'une cuillère à café, versez sur chacun d'eux un peu de chocolat tiède et collez dessus un cerneau de noix pendant que le chocolat est encore mou. Laissez refroidir.

CONSEIL

Une fois refroidis, ces délicieux deniers peuvent se conserver longtemps dans une boîte à biscuits fermant hermétiquement, ou dans le bas du réfrigérateur.

POUR 8 PERSONNES
PRÉPARATION : 10 MIN
REPOS : 30 MIN
CUISSON : 10 MIN
DIFFICULTÉ : FACILE
COÛT : BON MARCHÉ

Beghrirs aux œufs

- *500 g de semoule fine*
- *2 œufs battus*
- *20 g de levure de boulanger*
- *1 bouteille d'eau minérale gazeuse*
- *1/2 cuil. à café de sel*

▓ Dans un saladier, mélangez soigneusement la semoule avec les œufs, le sel, la levure délayée dans un peu d'eau. Versez la bouteille d'eau minérale. Couvrez la pâte d'un linge et laissez-la reposer 30 min dans un endroit chaud.

▓ Versez une louche de pâte dans une poêle un peu huilée. Faites-la cuire quelques secondes d'un seul côté, sur lequel vous verrez se former quelques petits trous.

▓ Répétez cette opération jusqu'à épuisement de la pâte. Servez chaud avec du beurre et du miel.

CONSEIL

Pour que les beghrirs soient légers, laissez bien reposer la pâte avant la cuisson et faites-les cuire dans une poêle à revêtement antiadhésif, sans matière grasse.

POUR 30 GÂTEAUX
PRÉPARATION : 20 MIN
REPOS : 30 MIN
CUISSON : 15 MIN
DIFFICULTÉ : FACILE
COÛT : BON MARCHÉ

Petits gâteaux aux dattes

Pour la pâte
- *1 kg de semoule fine*
- *100 g de beurre*
- *1 cuil. à soupe de bicarbonate de soude*
- *200 g de sucre*
- *1 cuil. à café de sel*

Pour la garniture
- *1 kg de dattes*
- *1 cuil. à café de cannelle*

Pour le sirop
- *300 g de sucre*

▨ Travaillez la semoule, le beurre, le bicarbonate de soude, le sucre, le sel, 50 cl d'eau tiède jusqu'à l'obtention d'une pâte assez ferme. Couvrez-la d'un linge et laissez-la reposer 30 min.

▨ Portez un peu d'eau à ébullition dans une cocotte. Ajoutez-y les dattes dénoyautées, réduisez le feu et laissez cuire 15 min. Écrasez les dattes cuites avec une fourchette. Parfumez la pâte ainsi obtenue avec la cannelle, malaxez. Divisez-la en 4 parts.

▨ Partagez la pâte en 4 morceaux et étalez-les au rouleau pour obtenir 4 rectangles de 2 cm d'épaisseur.

▨ Étalez une part de dattes sur chaque rectangle de pâte, puis roulez-les de manière à obtenir 4 gros rouleaux. Préchauffez le four à 170 °C (th. 5-6).

▨ Débitez les rouleaux de pâte en rondelles à l'aide d'un couteau trempé dans de l'eau bouillante. Rangez-les sur une plaque beurrée et enfournez à mi-hauteur pour 10 à 15 min. Plongez-les dans le sirop préparé avec le sucre délayé dans 40 cl d'eau. Égouttez-les et laissez-les sécher à l'air pendant 30 min.

POUR 8 PERSONNES
PRÉPARATION : 15 MIN
CUISSON : 15 MIN
DIFFICULTÉ : FACILE
COÛT : BON MARCHÉ

Feuilleté aux pommes

- 1 kg de pommes (reinette)
- 100 g de beurre
- 6 feuilles de pastilla
- 150 g de sucre
- 1 cuil. à café de cannelle
- 1 œuf

▓ Pelez les pommes, évidez-les, coupez-les en tranches de 1 cm d'épaisseur.

▓ Préparez un caramel léger avec le sucre et 10 cl d'eau. Ajoutez le beurre fondu et la cannelle, puis les pommes. Celles-ci cuiront en 5 min.

▓ Étalez les feuilles de pastilla beurrées les unes à côtés des autres en les faisant se chevaucher. Soudez-les à l'aide d'un pinceau trempé dans l'œuf battu de manière à obtenir un rectangle arrondi sur les bords.

▓ Préchauffez le four à 170 °C (th. 5). Déposez les pommes bien caramélisées sur toute la surface des feuilles en laissant sur les côtés une marge d'environ 3 cm. Roulez délicatement pour obtenir un beau gâteau roulé. Soudez les bords à l'œuf.

▓ Déposez le gâteau sur une plaque beurrée, enfournez-le à mi-hauteur et faites-le cuire pendant environ 10 à 15 min. Servez ce délicieux feuilleté avec de la crème fraîche.

POUR 60 PIÈCES
PRÉPARATION : 10 MIN
CUISSON : 10 MIN
DIFFICULTÉ : FACILE
COÛT : BON MARCHÉ

Losanges au gingembre

- *500 g de semoule moyenne*
- *300 g de sucre*
- *10 cl de miel*
- *1/2 cuil. à soupe de gingembre en poudre*
- *1 cuil. à café de ras-el-hanout*

▨ Dans une poêle, à feu doux, faites griller la semoule en remuant sans arrêt pendant 5 min environ. Lorsque la semoule est dorée, éteignez le feu.

▨ Dans une casserole, sur le feu, faites un sirop avec 10 cl d'eau et le sucre. Quand le sirop commence à épaissir, au bout de 5 min environ, ajoutez le miel.

▨ Hors du feu, ajoutez à ce sirop la semoule, le gingembre et le ras-el-hanout. Remuez bien pour obtenir une pâte homogène. Goûtez avant de rajouter des épices selon votre goût.

▨ Sur une tôle huilée, étalez rapidement le mélange sur une couche de 1 cm d'épaisseur dans laquelle vous découperez des losanges de 2 cm de côté.

▨ Laissez refroidir avant de présenter les losanges dans un plat de service.

CONSEIL

Travaillez la pâte quand elle est chaude. Elle durcit en refroidissant. Le ras-el-hanout est un mélange de quatre épices (cannelle, cumin, curcuma et muscade) que vous trouverez tout prêt dans le commerce. Vous pouvez aussi le préparer vous-même.

POUR 80 PIÈCES
PRÉPARATION : 15 MIN
CUISSON : 25 MIN
DIFFICULTÉ : FACILE
COÛT : BON MARCHÉ

Gâteaux à la semoule

– *300 g de semoule fine*
– *4 œufs*
– *180 g d'amandes*
– *180 g de sucre*
– *15 cl d'huile d'arachide*
– *Le zeste de 1 citron*
– *2 cuil. à soupe de lait*
– *80 moules en papier*
  de taille moyenne

▨ Préchauffez le four à 150 °C (th. 4). Faites bouillir de l'eau. Lorsqu'elle bout, éteignez le feu et mettez les amandes dans la casserole. Couvrez. Lorsque l'eau a tiédi, pelez les amandes et broyez-les dans un hachoir à herbes.

▨ Lavez le citron et prélevez le zeste à l'aide d'un couteau-zesteur ou d'un simple économe.

▨ Dans une poêle posée sur feu doux, faites griller la semoule environ 2 min en remuant bien.

▨ À l'aide d'un mixeur, battez longuement les œufs et le sucre. Incorporez ensuite le reste des ingrédients — amandes, semoule, zeste de citron, huile et lait. Malaxez bien la pâte.

▨ Disposez les moules côte à côte sur une plaque allant au four et remplissez-les de pâte à l'aide d'une cuillère à café. Faites cuire 15 min.

▨ Laissez les gâteaux refroidir avant de les couvrir de papier d'aluminium si vous souhaitez les conserver au frais quelques jours.

POUR 50 PIÈCES
PRÉPARATION : 30 MIN
CUISSON : 15 MIN
SÉCHAGE : 1 H
DIFFICULTÉ : FACILE
COÛT : BON MARCHÉ

Mekrouds

- 1 kg de semoule moyenne
- 6 gros œufs
- 250 g de sucre
- 1 paquet de levure chimique
- 25 cl d'huile d'arachide
- 2 cuil. à soupe de cannelle
- Miel
- 30 cl d'huile de friture

▥ Dans une poêle bien sèche, faites blondir légèrement la semoule par petites quantités, en remuant très régulièrement.

▥ Dans une jatte, versez la semoule au fur et à mesure qu'elle est cuite. Lorsqu'elle a refroidi, creusez une fontaine et cassez les œufs dedans. Ajoutez l'huile, le sucre, la levure et la cannelle. Mélangez bien le tout et pétrissez la pâte à la main, jusqu'à ce qu'elle soit parfaitement homogène.

▥ Entre vos mains, roulez la pâte pour former des boudins de 3 à 4 cm de diamètre. Aplatissez-les légèrement à la main et entaillez-les de traits à l'aide d'un couteau. Coupez des losanges dans les boudins et laissez-les sécher pendant 1 h environ.

▥ Dans une autre poêle, versez une bonne quantité d'huile. Faites-la chauffer (elle ne doit pas fumer) et faites frire les mekrouds 3 min sur chaque face. Ils sont prêts lorsqu'ils sont dorés.

▥ Dans une casserole, faites fondre le miel à feu doux et enrobez aussitôt les gâteaux chauds un à un.

POUR 70 PIÈCES
PRÉPARATION : 30 MIN
CUISSON : 15 MIN
DIFFICULTÉ : FACILE
COÛT : BON MARCHÉ

Ghribats à la semoule

- *500 g de semoule fine*
- *250 g de sucre*
- *350 g d'amandes*
- *4 œufs*
- *10 cl d'huile d'arachide*
- *Cannelle*

▥ Préchauffez le four à 120 °C (th. 3). Faites bouillir de l'eau dans une casserole. Lorsque l'eau bout, éteignez le feu et versez les amandes. Couvrez. Lorsque l'eau a tiédi, pelez les amandes et broyez-les finement dans un mixeur.

▥ Battez les œufs avec le sucre. Lorsque le mélange blanchit, versez la semoule en pluie et malaxez bien avant d'incorporer les amandes. Pétrissez bien de nouveau et ajoutez alors l'huile.

▥ Lorsque vous obtenez une pâte homogène, formez des boules de la taille d'une grosse bille. Roulez-les entre les mains et aplatissez-les légèrement avant de les poser sur une plaque huilée allant au four.

▥ Saupoudrez chaque gâteau d'une petite pointe de cannelle. Laissez cuire environ 15 min.

VARIANTE

Vous pouvez garnir ces gâteaux avec une amande.

POUR 4 PERSONNES
PRÉPARATION : 10 MIN
DIFFICULTÉ : TRÈS FACILE
COÛT : BON MARCHÉ

Salade d'oranges à la cannelle

- 6 oranges
- 2 cuil. à soupe de miel
- 2 cuil. à soupe d'eau
  de fleur d'oranger
- 2 cuil. à soupe rases
  de cannelle en poudre
- 20 g d'amandes effilées
- Quelques feuilles
  de menthe pour le décor

▥ Épluchez les oranges en retirant la peau blanche, puis coupez-les en rondelles. Dans un bol, mélangez le miel avec l'eau de fleur d'oranger et la moitié de la cannelle. Faites dorer les amandes effilées dans une poêle sans ajouter de matière grasse, réservez.

▥ Disposez les rondelles d'orange sur des petites assiettes et arrosez-les avec le sirop préalablement préparé. Parsemez d'amandes grillées, du reste de cannelle et disposez quelques feuilles de menthe pour le décor.

POUR 4 À 6 PERSONNES
PRÉPARATION : 20 MIN
CUISSON: 35 MIN
DIFFICULTÉ : FACILE
COÛT : RAISONNABLE

Carrés moelleux aux dattes et à la fleur d'oranger

- *250 g de dattes dénoyautées*
- *60 g de beurre demi-sel*
- *3 œufs*
- *75 g de sucre*
- *1 cuil. à soupe d'eau de fleur d'oranger*
- *1 cuil. à soupe de miel*
- *200 g de farine*
- *1 sachet de levure*

▓ Détaillez les dattes en morceaux et faites-les chauffer dans une casserole avec 35 cl d'eau. Lorsque l'eau bout, éteignez le feu et laissez le tout refroidir.

▓ Préchauffez le four à 180 °C (th. 6). Mixez ensuite les dattes et l'eau afin d'obtenir une purée. Faites fondre le beurre à feu doux. Dans un saladier, fouettez les œufs et le sucre jusqu'à ce que le mélange blanchisse, puis incorporez le beurre fondu tout en continuant à fouetter. Ajoutez la purée de dattes, l'eau de fleur d'oranger, le miel puis la farine et la levure, et mélangez activement afin d'obtenir une pâte homogène.

▓ Beurrez un moule à manqué rectangulaire et garnissez-le de pâte. Enfournez-le pour 35 min de cuisson. Laissez refroidir le biscuit et découpez-le en petits carrés.

Table des recettes

▦ Entrées — 4

Artichauts farcis — 4
Caviar d'aubergines — 6
Carottes au cumin — 8
Taboulé — 10
Salade méchouia — 12
Salade de persil — 14
Salade d'artichauts et d'oranges — 16
Salade de courgettes — 18
Salade de tomates
    et de poivrons au sel — 20
Salade « Papy Jacques » — 22
Salade de pamplemousses roses — 24
Soupe de légumes — 26
Soupe du Ramadan — 28
Préparation de la pastilla — 30
Pastilla aux crevettes — 32
Feuilletés à la viande hachée — 34
Salade de graines de couscous — 36
Salade de fèves fraîches — 38
Salade de légumes — 40
Zarlouk de poivrons rouges — 42

▦ Tajines aux légumes — 44

Artichauts aux petits pois — 44
Fassoulia — 46
Tajine de pois chiches et courgettes — 48
Tajine de navets aux patates douces — 50
Potiron aux oignons et raisins secs — 52
Gratin d'aubergines
    et pommes de terre — 54
Tajine rouge — 56
Tajines aux 8 légumes — 57
Lentilles à la tomate — 58
Courgettes à la tomate — 60

▦ Tajines à la viande — 62

Mquele d'zitoun — 62
Canard sucré aux figues fraîches — 64
Agneau sucré aux dattes — 66
Agneau aux fèves et aux artichauts — 68
Coquelets aux navets — 70
Tajine de bœuf aux patates douces — 72
Épaule d'agneau confite — 74
Tajine d'agneau aux pruneaux
    et aux amandes — 76
Pigeons aux oignons — 78
Poulet aux aubergines — 80
Poulet aux tomates et au miel — 82
Cailles aux raisins et aux oignons — 84
Tajine d'agneau aux raisins
    et aux amandes — 86
Tajine aux œufs d'or — 88
Cailles aux raisins — 90
Perdreaux aux citrons confits — 92
Coquelets aux figues fraîches — 94
Poulets aux tomates sucrées — 96
Gigot de mouton aux artichauts — 98
Épaule d'agneau aux petits oignons — 100
Tajine de boulettes de viande — 102
Tajine aux aubergines — 104
Brochettes de mouton — 106

▦ Méchouis — 108

Méchoui à la broche — 108
Méchoui farci au couscous — 109
Épaule en méchoui — 110
Gigot d'agneau en méchoui — 112

▓ Tajines au poisson   114

Cabillaud à la chermola   114
Colin au fenouil   116
Boulettes de poisson   118
Sardines à la tomate   120
Daurade aux citrons confits   122
Loup aux raisins secs   124
Œufs de poisson aux fèves   126
Tajine de lotte au fenouil   128
Mulet aux blettes   130
Loup à la coriandre   132
Filets de thon aux câpres   134
Soles à l'oignon   136
Brochettes de poisson   138
Tajine de calamars au paprika   140
Tajine de rougets aux olives noires   141

▓ Couscous   142

Cuisson des graines de couscous   142
Couscous au poisson   144
Couscous d'Ourika   146
Couscous au bœuf et aux raisins secs   148
Couscous aux fèves
    et au pied de bœuf   150
La noire « Bkela »   152
Couscous de poulet mariné,
    sauce thaïe   154
Couscous aux haricots blancs   156
Couscous au beurre   158
Couscous aux poivrons verts   160
Couscous à la viande
    et aux légumes   162
Randor   164
Couscous vert   166

▓ Desserts   168

Deniers aux noix   168
Beghrirs aux œufs   170
Petits gâteaux aux dattes   172
Feuilleté aux pommes   174
Losanges au gingembre   176
Gâteaux à la semoule   178
Mekrouds   180
Ghribats à la semoule   182
Salade d'oranges à la cannelle   184
Carrés moelleux aux dattes
    et à la fleur d'oranger   185

+ de 100 recettes
90 photos
des conseils et des variantes

Easy cook

Pasta,
riz & risottos

Tajines & couscous

Cuisine
bon marché

4,95 €
Seulement

bon app' à tous !

Crédits photographiques :
© Jean Bono : pp. 2, 5, 45, 47, 49, 51, 53, 55, 63, 65, 67, 69, 71, 73, 75, 77, 79, 81, 83, 85, 87, 89, 115, 117, 119, 121, 123, 125, 127, 129, 131.
© Rina Nurra : pp. 7, 9, 11, 13, 15, 17, 19, 21, 23, 25, 43, 111, 113, 149, 151, 153, 155, 157, 159, 161, 163, 165, 167, 177, 179, 181, 183.
© Nathanaël Turpin : pp. 27, 29, 31, 33, 35, 37, 39, 41, 59, 61, 91, 93, 95, 97, 99, 101, 103, 105, 107, 133, 135, 137, 139, 143, 145, 147, 169, 171, 173, 175, 186.

Cet ouvrage reprend les titres *Tajines, Couscous et méchouis et Cuisine marocaine* parus dans la collection PPH Cuisine aux Éditions Hachette Pratique.

Pour l'éditeur, le principe est d'utiliser des papiers composés de fibres naturelles, renouvelables, recyclables et fabriquées à partir de bois issus de forêts qui adoptent un système d'aménagement durable. En outre, l'éditeur attend de ses fournisseurs de papier qu'ils s'inscrivent dans une démarche de certification environnementale reconnue.

Direction : Jean-François Moruzzi
Direction éditoriale : Pierre-Jean Furet
Responsable éditoriale : Anne Vallet
Collaboration rédactionnelle : Fettouma Benkirane, Ghislaine Danan-Bénady, Bérengère Abraham
Conception de la maquette intérieure et de la couverture : Marie Carette
Réalisation de la couverture : Marie Carette
Réalisation : Les Paoistes
Correction : Mireille Touret
Fabrication : Amélie Latsch
Responsable partenariats : Sophie Morier au 01 43 92 36 82

© 2010, HACHETTE LIVRE (Hachette Pratique)
Dépôt légal : janvier 2011
23-05-8097-03-0
ISBN : 978-2-0123-8097-4

Imprimé en Italie par Stige